Ingrid Johannis
Das siebente Brennesselhemd

Ingrid Johannis

Das siebente Brennesselhemd

Aus dem Tagebuch einer Alkoholkranken

Verlag Neues Leben Berlin

ISBN 3-355-00128-7

© Verlag Neues Leben, Berlin 1986
3. Auflage, 1988
Lizenz Nr. 303 (305/183/88)
LSV 7001
Schutzumschlag und Einband: Hans-Georg Gerasch
Typografie: Ingrid Engmann
Schrift: 10p Garamond
Gesamtherstellung: Karl-Marx-Werk Pößneck V 15/30
Bestell-Nr. 644 067 7
00720

„Trunksucht ist nicht ein Durst der Kehle, sondern ein Durst der Seele."

Friedrich v. Bodelschwingh

Oktober 1980

Martin hat abgesagt. Er wollte heute abend kommen, um seine restlichen Sachen zu holen. Aber er hat abgesagt. Seine Sachen stören mich. Vor fünf Wochen ist er ausgezogen. Zwei Jahre haben wir zusammen gelebt.

Ich hatte alles auf eine Karte gesetzt: Entweder wir hören *beide* auf zu trinken, oder wir trennen uns. Ich habe zu hoch gepokert. Er ist ausgezogen. Zurück in seine Wohnung.

Ich habe gehofft, er würde sich an mir ein Beispiel nehmen. Ich bin seit fünf Wochen „trocken". Ich gehe jeden Mittwoch zur „ambulanten Gruppe" in eine Beratungsstelle. Ich mache jeden Abend nicht drei Kreuze, sondern ein Kreuzchen in meinen Kalender:

Vierundzwanzig Stunden ohne Alkohol und Tabletten. Martin kommt nicht.

Ich habe einen anderen Mann im Theater kennengelernt. Ich bin ins Theater gegangen, weil mir zu Hause die Decke auf den Kopf fiel. Neben mir saß ein älterer Herr. Als ich mich nach meinem hinuntergefallenen Programm bückte, half mein Sitznachbar höflich suchen, und dabei geriet mein Gesicht in die Nähe von seinem, und ich hatte plötzlich den Wunsch, mich anzulehnen. Ich wurde rot und wagte nicht, den Kopf zu bewegen. Das dauerte nur einen Augenblick, dann hatte ich mich wieder in der Gewalt.

In der Pause stellte sich mein Nachbar vor: Karl-Heinz N., vierundfünfzig Jahre alt, verheiratet, drei erwachsene Kinder, zwei Enkel. Er sei allein im Theater, weil seine Frau überraschend zu ihrer erkrankten Mutter habe reisen

6

müssen. Im Gepräch stellte sich heraus, daß er wie ich in Stadtmitte arbeitet.

Nach der Vorstellung verabschiedeten wir uns mit einem freundlichen Lächeln. Er fragte, ob er mich anrufen dürfe, und ich gab ihm meine Telefonnummer.

Seitdem habe ich Kopfschmerzen. Ich träumte in der darauffolgenden Nacht von ihm.

Er hat bis jetzt nicht angerufen. Warum mache ich mir überhaupt so viele Gedanken um den Mann?

Irgendwie ist durch die Alkoholabstinenz meine Sensibilität gestiegen. Schließlich trinke ich seit fünf Wochen nicht mehr.

Zu Martin hatte ich in letzter Zeit ein Gegenbild entwickelt: einen älteren, zuverlässigen, gepflegten, intelligenten Mann.

Ohne Mann und ohne Alkohol – das ist ein neuer Zustand für mich. Nach ein paar Flaschen Bier oder einer Faustan oder beidem konnte ich früher immer einschlafen.

Wie soll es weitergehen?

Wenn Herr N. kein Interesse an mir hat, unternehme ich auch nichts, dann war es ein Irrtum.

Wenn er sich nun aber doch meldet? Zwar habe ich ein unbändiges Verlangen nach Zärtlichkeit, aber bekäme mir ein solches Verhältnis? Ich kann mir keinen Rückfall leisten.

Im Bereich des Möglichen läge eine leicht erotisch gefärbte Freundschaft, in der man sich aneinander erfreut, aber nicht miteinander ins Bett geht. Und doch, ich möchte von ihm gestreichelt werden. Meinetwegen braucht er sich nicht scheiden zu lassen.

Was ich mir nur einbilde! Aber ich sehe immer meine Wange neben seiner. Wenn er jetzt hier wäre.

Ich habe mit den Kindern einen schönen Sonntagsausflug nach Potsdam gemacht. Es geht auch allein gar nicht so schlecht. Ich war nicht geizig: Bockwurst, Eis, Kuchen, Brause. Für die fünfjährige Sabine war eine Fahrt im Doppelstockzug ein Erlebnis. Wenn man zwölf Jahre alt ist wie

Annett, läßt einen das wohl kalt. Hauptsache, Bonbons und Kaugummis sind da.

In bezug auf Herrn N. kann ich mich auch irren. Er hat am Wochenende nicht angerufen, wie er es hätte tun können. Wenn er morgen nicht anruft, ist nichts an der Sache dran, und ich kann ihn vergessen und das Ganze als typisches Beispiel für meine Voreiligkeit und blühende Phantasie betrachten. Ich kenne ihn ja gar nicht. Er wirkt jünger als vierundfünfzig, aber sehr frohgemut ist er kaum, eher ein bißchen gehemmt. Er raucht nicht. Die Hände sind sympathisch. Trotz des Eheringes. Oder gerade deshalb. Er kann schon dreißig Jahre verheiratet sein.

Wenn ich mich mal an ihn schmiegen dürfte, das wäre ein Moment. Das wäre Balsam für mein Gemüt.

Ich habe ein gewisses Defizit, und das würde es ihm leicht machen.

Abwarten. *Tee* trinken.

6. Oktober

Heute war ich bei unserer Betriebsärztin. Seitdem ich aufgehört habe zu trinken, spielt meine Verdauung nicht mehr mit. Ich kann doch nicht ständig Abführmittel nehmen. Ich sagte ihr wahrheitsgemäß, daß ich diese Beschwerden seit Beginn der Abstinenz hätte und daß ich wegen Alkoholismus in einer Beratungsstelle behandelt würde.

„Wieviel haben Sie denn am Tage so getrunken?" fragte sie.

„Am Tage nichts, meist nur am Abend", erwiderte ich, „etwa drei große Flaschen Bier, am Wochenende entsprechend mehr."

„Das trinken andere auch jeden Tag", sagte sie.

Mit Sucht scheint sie sich bisher nicht beschäftigt zu haben. Sonst wüßte sie, daß nicht die Menge entscheidend ist. Soll ich erst auf allen vieren angekrochen kommen? Sie verschrieb mir etwas für die Bauchspeicheldrüse und empfahl körperliche Betätigung, ballaststoffreiche Nahrung. Obst, Gemüse, Vollkornbrot. Das esse ich ohnehin. –

Ich habe mit Martin wegen der abzuholenden Sachen telefoniert. Er fragte, welche Ersatzbefriedigung ich gewählt hätte, um nicht zu trinken. Er meinte, er kenne mich und täusche sich nicht.

In mir haben sich schon ganz andere getäuscht. Wenn er morgen kommt, bin ich kalt wie Eis. Seine Sachen stelle ich auf den Flur. Mit mir nicht mehr! Es reicht, was er mir an Geiz, Prinzipienreiterei und Unzuverlässigkeit geboten hat. Und mich dann im Stich gelassen, als es Ernst wurde.

Ob ich den Herrn N. mal anrufe?

Ich bin so sauer! Scheißabstinenz! Ich weiß, daß ich in dieser Stimmung versacken würde, wenn ich nicht im „Abstinenzlerverein" wäre. Ein Glück, daß ich dort vor Anker gegangen bin. So wie es jetzt um mich steht, würde ich unbedingt trinken, Martin wieder verzeihen, und alles wäre wie vorher und nicht gut.

Frauen bauen unter Alkohol schneller ab als Männer. Wenn ich nüchtern bin, hat Martin keine Macht über mich. *Nicht zu trinken ist meine einzige Rettung.*

Alles andere baut sich darauf auf.

Gestern bei der Feier zum Jahrestag der DDR wurde mir ganz selbstverständlich ein Glas Wein vorgesetzt. Zum Anstoßen. Ich habe es natürlich nicht getrunken, sondern mir ein Glas Brause eingegossen. Aber das Glas Wein stand zwei Stunden vor mir. Nach der Feier war ich völlig geschafft.

In der Abteilung weiß niemand, daß ich je getrunken habe und jetzt nicht mehr trinken will. Ich hätte jede Sekunde zugreifen und das Glas leeren können. Keiner hätte mich daran gehindert. Hätte ich es ausgetrunken, wäre zunächst gar nichts Schlimmes passiert, im Gegenteil, ich hätte gespürt, wie der Alkohol im Magen ankommt, wie sich dann langsam alle verkrampften Muskeln lösen. Ich hätte tief durchgeatmet, mich unauffällig gestreckt, in die Runde geschaut, gelächelt, gedacht: So, jetzt macht, was ihr wollt, mir ist's recht.

Aber damit hätte der so mühsam unterbrochene Kreislauf wieder eingesetzt: Ich komme abends nach Hause. Als erstes der Griff zur Flasche ... Nach dem ersten Glas treten Geräusche und Konturen zurück. Bald spüre ich, daß die angenehme Wirkung nachläßt. Der Spiegel sinkt, ich muß nachfüllen. Das zweite Glas, das dritte, das vierte ... Und irgendwie komme ich dann noch ins Bett. Am nächsten Morgen Ärger und Scham. In der Küche steht das Geschirr vom Abendessen auf dem Tisch. Kopfschmerzen, Selbstvorwürfe: Hättest du das gestern nicht lassen können?

Der Tag als Hürde vor mir. Oder wie der gläserne Berg im Märchen. Bis Mittag der Vorsatz: Heute abend wird nicht getrunken! Je näher der Feierabend rückt, desto stärker der Gedanke: Bloß was zu trinken, egal, was kommt! Und das Tag für Tag ... Soll es wieder anfangen? Soll die ganze Anstrengung umsonst gewesen sein? Nein.

9. Oktober

Heute habe ich meine Kollegin Anna ins Vertrauen gezogen. Mit dem Mut der Verzweiflung habe ich sie in mein Dilemma eingeweiht. Frau Dr. Schneider von der Beratungsstelle hatte mir dringend empfohlen, irgendeine Bezugsperson über meinen Entschluß, nicht mehr trinken zu wollen, zu informieren. *Damit ich mir selbst den Rückzug verbaue.* Natürlich könnte Anna das auch gegen mich verwenden. Ich bin ganz schön leichtsinnig.

An wen hätte ich mich wenden sollen, wenn nicht an sie? Ich weiß, wie bei uns über alle Schwächen der Kollegen geklatscht wird.

Anna ist immerhin schon fünfzig. Und es ist bekannt, daß sie vor Jahren mit ihrem Mann Ärger hatte, weil er trank. Jetzt scheint sie mit ihm recht zufrieden zu sein. Bei Betriebsfeiern trinken beide nur Saft.

Ich habe Anna gebeten, niemand etwas zu erzählen. Wenn es bisher niemand gemerkt hat, brauche ich es auch keinem auf die Nase zu binden. Zwar arbeite ich als wissenschaftlicher Mitarbeiter in der Informationsabteilung eines Forschungsinstitutes, doch *die* Information behalte ich lieber für mich.

Anna hat mich erschrocken angesehen und nicht gewagt, Fragen zu stellen. Wir haben abgemacht, daß ich mich bei den nächsten betrieblichen Feiern neben sie setzen werde.

Herr N. hat angerufen. Er entschuldigte sich, daß er sich jetzt erst meldete. Die viele Arbeit! Na, wer das glaubt. Wir haben uns morgen für die Mittagspause verabredet.

Martin hat seine Sachen abgeholt. Er sah so fremd und ungepflegt aus. Offenbar war er nicht ganz nüchtern.

„Bitte."

„Danke."

„Tschüs."

„Tschüs."

Ich war mit Herrn N. Mittagessen. Er hat eine Currywurst mit Bratkartoffeln gegessen und zwei Bier getrunken. Ich bestellte eine Soljanka und einen Kaffee. Ich war befangen. Meist hat er geredet. Mit vierundfünfzig hat man schon einen Lebenslauf: Schule, Krieg, Gefangenschaft, Neulehrerkurs, Studium, wissenschaftliche Arbeit, gesellschaftliche Funktionen . . .

Er fragte, ob er mich vom Betrieb abholen dürfe, und ich sagte zu.

In der Straßenbahn habe ich es arrangiert, daß wir standen, daß wir nebeneinander standen. Nach einer Weile legte er vorsichtig den Arm um mich. Ich habe mich nicht gerührt, denn das war es ja, was ich wollte. Er wollte eigentlich viel früher aussteigen, ist aber bis zum U-Bahnhof mitgekommen, wo Annett und Sabine auf mich warteten.

Da wir im hinteren Teil des ersten Wagens standen, konnte ich mich immer in der Scheibe des zweiten Straßenbahnwagens sehen: sehr klein, klein und blaß, mit Augenringen. Daneben ein großer älterer Herr, schlecht rasiert. Er hat gefragt, wann ich in diesem Monat Haushaltstag habe. Typisch für verheiratete Männer: Abends können sie nicht kommen. Das fällt zu Hause auf. Soll ich vielleicht am Tage mit ihm ins Bett gehen?

Ich hätte stundenlang so weiterfahren können.

Die Alkoholabstinenz ist mir heute wieder überaus schwer gefallen. Ich muß durchhalten!

Herr N. will anrufen. Hoffentlich! Aber es muß nicht sein. Nicht darauf versteifen.

Morgen mache ich die Wohnung gemütlich, nachdem ich sie sechs Wochen vernachlässigt habe.

Gestern habe ich die verdammte Unruhe mit einem Kinobesuch niedergehalten. Ich habe wieder von Alkohol geträumt.

Die Abstinenz ist reiner Selbsterhaltungstrieb. Ich habe keine Alternative. Mit Alkohol sacke ich ab. Lieber allen möglichen Blödsinn machen, aber nicht trinken.

Feindbild „Alkohol" entwickeln!

Es ist wirklich der reine Selbsterhaltungstrieb, wenn ich Martin aus dem Weg gehe. Selbsterhaltung geht vor Arterhaltung.

Nun zehre ich von der Straßenbahnfahrt mit Herrn N.: für mich Hauptgericht, für ihn Nachtisch. Ich zehre und zehre und möchte gern mehr. Ich möchte ihn küssen: auf den Mund, auf die Wange, den Hals, die Augen und vielleicht auch die Hände. Oder ich halte seine Hände wieder an meine Wangen. Ich möchte wissen, was er denkt. Ist er auch verliebt? Vielleicht sagt er sich: Die Kleine nehmen wir mit, wenn sie sich so anbietet. Was weiß ich! Er hat einen so sympathischen Gesichtsausdruck beim Lachen. Es sieht so aus, als wollte er sagen: Entschuldige bitte, daß ich lache. Seine Stimme klingt sehr angenehm.

Wie weiter? Alte Strategie: mich streicheln und ihn schmoren lassen. Nicht verrückt machen lassen. Wenn er anruft, dann ruft er an, wenn nicht, dann nicht! Wenn er die Straßenbahnfahrt nicht richtig ausgewertet hat, weiß ich nicht mehr weiter. Ich fühle mich unruhig und gehetzt. Das macht die doppelte Abstinenz. Sechs Wochen ohne Alkohol, sechs Wochen ohne Mann.

Aber ich weiß doch, worum es geht – ums Überleben.

Wenn der N. wüßte, wie wichtig er für mich ist. Vielleicht sage ich es ihm, wenn alles wieder vorbei ist. Dann bekommt er eine Ehrenurkunde. Eigentlich wäre es so einfach: Ich lade ihn ein. Aber nein, das wäre zuviel Entgegenkommen. Und überhaupt, vielleicht kriegt er einen Hexenschuß dabei.

Nimm ihn als Aufmunterung und Streicheleinheitenverteiler, und sonst laß ihn in Frieden. Es führt zu nichts. Lenk dich ab, treib Sport, dann brauchst du keinen Mann!

15. Oktober

Heute war wieder Antialkoholikeraufmunterungsstunde. Frau Dr. Schneider, die Psychologin, regte ein Gespräch über die guten Seiten der durch Abstinenz gesteigerten Sensitivität und die möglichen Folgen des Wiedertrinkens beziehungsweise die zu erwartende Reaktion der Umwelt darauf an.

Man lernt sich nur beim Miteinanderleben beziehungsweise -arbeiten lieben, sagt Frau Dr. Schneider. *Dann wird der häßlichste Mensch schön.*

Aber Herr N. braucht nicht schöner zu werden. Er soll mich ein bißchen lieben, ich hab's bitter nötig.

Karl-Heinz hat mich bis vor die Haustür gebracht. Wir haben wieder straßenbahngekuschelt. Der schönste Moment war, als ich mit dem Kopf an seine Brust gerutscht bin. Endlich mal wieder ein Kuß von einem Mann!

Sie müssen Ihren Partner über Ihren Alkoholismus aufklären. Zur Sicherheit für Sie, sagt Frau Dr. Schneider.

Ich möchte gern Du zu ihm sagen. Du, Karl-Heinz, hab mich lieb. Ich möchte mal auf seinem Schoß sitzen und mich ganz klein machen und gedrückt und gestreichelt werden. Oder bloß meine Wange an seine halten. Schade, daß die verheirateten Männer nur am Tage Zeit haben. Ihm das Alkoholproblem zu verschweigen hieße, das Risiko des Rückfalls vergrößern.

Wir waren wieder zusammen Mittag essen. Du hattest ein langärmeliges Unterhemd an, das sah man durch das Oberhemd. Na ja, es wird Herbst.

Wir haben im Park gesessen, und ich habe dir vom Alkoholismus erzählt. Immerhin hast du es leichtgenommen. Auch eine Erfahrung für mich.

„Und wenn Sie ein noch so schlimmer Alkoholiker waren . . .", sagte er.

Vielen Dank für das Verständnis, aber alkoholkrank bleibt man sein Leben lang.

Du hast mich wohl doch ein bißchen gern. Im Park kamst du mit dem Vorschlag, mich mal abends zwei Stunden zu besuchen. Eigentlich müßtest du auf eine Einladung warten. Das bist du wohl gewohnt, daß man sich um dich reißt. Ich habe abgelehnt und gefragt, wie das dann weitergehen solle. Da sagte er: „Du bist eine junge Frau, und ich kann dir nicht geben, was du brauchst. Daß ich verheiratet bin, weißt du."

Ganz schön schlau. Er will keine Konsequenzen ziehen. Aber wenn ich möchte, kommt er gern mal schmusen. Ist ja eigentlich auch das Vernünftigste. Warum sollte man eine siebenundzwanzigjährige Ehe, Kinder, Enkel und Datsche im Stich lassen?

Wenn er nur für zwei Stunden käme, säße ich hinterher wieder allein da. Dann wäre es wohl doch besser, er käme gar nicht.

Wäre es wirklich besser? Das muß ich noch rauskriegen. Man müßte einen Status herstellen, der alles andere ausklammert: meine Kinder, seine Familie.

Na ja, am Montag rufst du wieder an, und dann sehen wir weiter.

Ich glaube, du hast mich schon überzeugt. Jetzt ist die Frage, ob du noch willst. Daß er ein Gernliebhaber ist, merkt man. Offenbar ist er recht liebebedürftig, sonst hätte er mich nicht so zielstrebig geküßt. Er weiß, was er will. Und das möglichst schnell.

Also wird er wohl am Montag kommen wollen. Wenn er wüßte, was für ein Defizit ich habe. Er hat mir die Ruhe genommen. Nun soll er sie mir auch wiedergeben.

Aber geht denn das? Darf ich das?

Er müßte hier sein und die ganze Nacht bleiben.

Den nächsten verheirateten Mann, in den ich mich verliebe, lasse ich in Frieden! Aber *den* nicht!

Der Alkoholkranke soll sich für alle Situationen Programme machen, sagt Frau Dr. Schneider.

Mein *Programm* für den Fall, N. kommt nicht: Weinen darf ich, das ist gesund. Ich darf mir nichts daraus machen, wenn er nicht kommt. Alles ist immer für etwas gut.

Abends Sabine vom Kindergarten abholen, Abendbrot, Kind ins Bett bringen, Tagebuch schreiben, Pulloverteil fertigstricken, Gymnastik, baden, autogenes Training. Ich kann mir gar nicht vorstellen, daß Herr N. hier sein könnte.

Programm für den Fall, N. kommt: nicht verkrampft sein, sondern ganz natürlich.

Tee kochen, ein paar Kekse auf den Tisch stellen, Schallplatte auflegen. Eindeutige Situation schaffen. Er sollte aber nicht den Eindruck gewinnen, daß er der einzige Ausweg ist. Hauptsache ist, zwei Stunden menschliche Wärme auftanken.

Wenn man davon ausgeht, daß ich zwei Stunden menschliche Wärme auftanken wollte, war es doch ganz schön.

Sabine war artig, wir haben zusammen Abendbrot gegessen, und ich habe sie schnell zu Bett gebracht. Annett ist zum Glück bei der Oma.

Bloß, dann ging es nicht. Darauf war ich nicht gefaßt. Er wird wohl nicht wiederkommen wollen. Er denkt sicher, er habe sich blamiert.

Er ging, ich ließ Badewasser einlaufen.

Als ich nach dem Baden wieder ins Bett ging, das nun nicht mehr warm war, habe ich geheult.

Wann habe ich zum letztenmal so hemmungslos geheult wie gestern? Ich glaube, vor sieben Wochen, als ich von der Eheberatung kam, die ich wegen Martin und mir aufgesucht hatte.

Ach, Martin, als ich dich drei Jahre nach meiner Scheidung kennenlernte, hattest du wie ich eine gescheiterte Ehe hinter dir, und deine zwölfjährige Tochter wohnte bei der Mutter, die wieder verheiratet war ...

Martin war anders als mein geschiedener Mann. Intelligenter. Sehr zurückhaltend und höflich. Und er spielte Klavier wie vor vielen Jahren mein Vater. Martin zuliebe habe ich nach über zwanzig Jahren Pause meine Geige wieder vorgeholt und darauf herumgekratzt.

Ich kaufte mir ein Fahrrad, dann fuhren wir ins Grüne: Martin mit Sabines großer Puppe im Körbchen seines Klappfahrrads vorneweg, dann ich mit Sabine auf dem Kindersattel, dahinter Annett.

Als „Revanche" für seine häufigen Orchesterproben ging ich in einen Zeichenzirkel, und er bewunderte die Porträts, die ich dort malte.

Aber die Idylle hielt nicht an. „Ich sehe wieder zu, wie die Karre in den Dreck rollt, und tue nichts dagegen", habe ich am ersten Abend unseres letzten gemeinsamen Urlaubs beim zweiten Bier in der Dorfkneipe zu Martin gesagt. „Wir dürften beide nicht mehr trinken." Er schwieg. Er wollte sich nicht dazu äußern.

Doch so, wie es sich bei uns mit der Zeit eingespielt hatte, konnte es nicht mehr weitergehen. War ich abends nüchtern geblieben und er kam mit einer Fahne nach Hause, ging ich los, um mir auch etwas zu holen. Die Spätverkaufsstelle an der Ecke hatte bis zweiundzwanzig Uhr geöffnet. Waren wir beide nach dem Abendessen noch nüchtern, war *ich* diejenige, die ihn überredete, noch mal kurz in eine Eckkneipe zu gehen. An denen mangelt es in unserer Gegend nicht. Eine ist immer „dienstbereit".

Wenn wir zu Hause tranken, passierte es mir immer öfter, daß ich nicht aufhören konnte, ehe die Flasche leer war. Im Urlaub konnten wir einander nichts vormachen. Jeden Tag vierundzwanzig Stunden beisammen. Wenn er erst einmal begonnen hatte, hörte er so· schnell nicht wieder auf.

Nach dem gemeinsamen Urlaub – Annett war im Ferienlager, Sabine hatte·Röteln, ich war mit ihr allein zu Hause, denn Martin machte eine Radtour mit Freunden – wurde es mir immer klarer: *Ich darf nicht wieder zusehen, wie die Karre in den Dreck rollt.* Aufhören zu trinken? Ich wußte aus Büchern, bei Alkoholismus hilft nur lebenslange Abstinenz.

Der Preis erschien mir zu hoch. Ich fürchtete, wenn wir beide weitertranken, würde unsere Beziehung kaputtgehen. Das wollte ich nicht. Ich ging zur Eheberatung.

„Mein Partner trinkt . . . Aber ich trinke *auch*", sagte ich zu der Fürsorgerin, die mich nach meinem Anliegen fragte.

Stille. Ich hörte die Straßenbahn klingeln. Ich schaute hoch. Die Fürsorgerin sah mich mitleidig an.

„Also, in den letzten beiden Tagen nicht", setzte ich schnell hinzu.

„Wissen Sie", sagte sie, „in einem anderen Stadtbezirk hat sich die Eheberatungsstelle auf Partnerschaftsprobleme im Zusammenhang mit Alkohol spezialisiert, weil die Leiterin jahrzehntelange Erfahrungen mit der Behandlung Alkohol- und Drogenkranker hat. Soll ich Sie dort anmelden?"

Ich nickte.

Sie griff zum Telefonhörer, ein kurzes Gespräch, und ich hatte einen Termin am übernächsten Tag, zwanzig Uhr. Ich habe vor Erleichterung geweint, als ich wieder auf der Straße stand.

Martin wird mitziehen, dachte ich.

Acht Wochen ohne Alkohol. Kaum zu glauben. Hätte ich das ohne Gruppe geschafft? Nie!

Wäre ich wieder hingegangen, wenn nicht Frau Dr. Schneider, als ich zum zweitenmal zu ihr in die Beratungsstelle kam, mir die Tür geöffnet und mit strahlendem Gesicht zu mir gesagt hätte: „Ich freue mich, daß Sie gekommen sind"? Endlich freute sich mal einer.

Der freundliche Empfang überraschte mich, weil er im Gegensatz zu dem strengen Ton des Aufnahmegesprächs stand.

Frau Dr. Schneider stellte mir frei, mich von Martin zu trennen und weiter abstinent zu bleiben oder „mich mit dem Partner zu Tode zu saufen". Einen anderen Weg gebe es erfahrungsgemäß nicht. Ich solle an die Kinder denken. Wenn ich jetzt aufhören würde zu trinken, könnte ich mir vieles ersparen. Ich sei offenbar am Anfang der kritischen Phase. Wenn ich es ambulant schaffen würde, abstinent zu bleiben, brauchte ich keine stationäre Entwöhnungsbehandlung, die vier Monate dauere.

Ich habe sie sicher entsetzt angeguckt. Vier Monate weg von den Kindern! Wer soll sich um die Kinder kümmern?!

Sie sagte, sie könne mir ein Medikament verschreiben, das auf chemischem Wege eine Unverträglichkeit des Körpers gegenüber Alkohol erzeuge. Wenn man Alkohol darauf tränke, bekäme man Kreislaufstörungen. Es sei so eine Art Krückstock für Abstinenzwillige. Aber ich solle versuchen, es ohne Medikamente zu schaffen. Sie habe alkoholgefährdete Ehepartner in einer Gruppe zusammengefaßt, mit der sie jeden Mittwoch ein Beratungsgespräch führe. Ob ich jetzt irgendwelche Tabletten nähme, fragte sie mich. Es bestehe die Gefahr, daß man von Alkohol auf Beruhigungs-, Schlaf- oder Schmerztabletten „umsteige". Diese Mittel seien untereinander austauschbar.

Das wußte ich nicht: Ich hatte jeden Abend, um zur Ruhe zu kommen, zwei Acetophentabletten, die frei käuflich sind, geschluckt. Also auch das nicht.

Inzwischen war es nach einundzwanzig Uhr, und die Frau Doktor gähnte ständig.

Ich ging und wußte: Ich komme wieder.

November 1980

Neun Wochen ohne Alkohol. Ich glaube, ich hätte vor einem Jahr ebenso wie Martin reagiert: Lieber allein, aber trinken dürfen, wann und wieviel ich will. Und nun?

Nur die Erkenntnis, schon einmal versagt zu haben und nicht wieder versagen zu wollen und zu dürfen, vor allem der Kinder wegen, hat bei mir die Wende gebracht. In meiner Ehe hatte ich zwar die zunehmende Entfremdung zwischen mir und meinem Mann gespürt, auch darunter gelitten, aber nichts dagegen unternommen. Ich war sogar erleichtert, daß mein Mann mir die Entscheidung abnahm und nach acht Jahren Ehe zu einer anderen Frau zog.

Diesmal wollte ich nicht allein bleiben. Ich wollte Martin

behalten. Unbedingt behalten. Er sollte bei mir bleiben! Nur ist er nicht bei mir geblieben.

Martin war eine Niederlage für mich, hat aber meine Weiterentwicklung sehr beschleunigt. Teures Lehrgeld, dennoch das Beste, was mir passieren konnte. Sonst hätte ich weitergetrunken.

9. November

Heute hatte ich Kaffeebesuch: ein befreundetes Ehepaar mit zwei Kindern. Sabine benahm sich unmöglich. Sie war wahrscheinlich eifersüchtig.

Jetzt bin ich müde. Besuch ist anstrengend. Ingrid ohne Alkohol ist müde und ein bißchen lahm.

Ich denke viel an Karl-Heinz. Zwei Arme, die sich um mich legten. Eine Schulter zum Anlehnen. Das hat mir sehr geholfen, das Selbstbewußtsein zu behalten beziehungsweise nicht noch mehr zu verlieren.

Nun gut. Bis Mittwoch zur Gruppenstunde wieder alkoholfrei durchhalten!

Von Tag zu Tag, von Woche zu Woche, das heißt von Mittwoch zu Mittwoch . . .

Wenn ich Mittwoch abend von der S-Bahn aus das große Gebäude sehe, in dessen erstem Stock über einem Café die Beratungsstelle untergebracht ist, atme ich auf. Dann S-Bahn-Treppe runter, über die Straße, Haustür, Treppe hoch, Füße abstreichen, klingeln.

Und die Tür wird aufgemacht. Garantiert.

Die Gruppenstunde war gut: *Nicht vergessen, daß der Alkohol das Hauptproblem ist.* Ohne Alkohol hätte ich bestimmt mein bisheriges Leben besser gemeistert. Ab 1970 habe ich regelmäßig Alkohol zu mir genommen. Warum eigentlich?

Als nach zwei Jahren Ehe meine Zuneigung zu meinem Mann erloschen war, zählte ich vierundzwanzig Jahre. Scheiden lassen? Das kam für mich damals nicht in Frage —
. . . bis daß der Tod euch scheidet, hatte der Pfarrer bei der Trauung gesagt. Ich hatte geheiratet, weil ich schwanger

war. Ich habe mich auf das Kind gefreut. Doch ein uneheliches Kind in unserer ehrbaren Familie? Nein, das ging nicht.

Ich fürchtete mich vor der Reaktion meines Mannes, wenn ich ihm gesagt hätte, daß ich ihn nicht mehr mochte. Ich hatte Angst, allein zu bleiben. Und so schlecht war er ja auch gar nicht. „Nicht verzagen, Otto fragen!" war sein Leitspruch. Er hieß Otto. Er war vergnügt und unkompliziert, was mir am Anfang gefallen hatte. Er trank gewohnheitsmäßig seine drei Flaschen Bier am Abend. „Ich habe bei der Arbeit wieder so geschwitzt", sagte er.

Erst trank ich aus seinem Glas mit, dann hatte ich ein eigenes Glas. Mit etwas Alkohol im Blut konnte ich ihm etwas vorspielen. Empfindsam und feinfühlig war er ohnehin nicht. Das befremdete mich später mehr und mehr.

Mich gegen ihn durchzusetzen erschien mir immer aussichtslos. Als wollte ich mit einem Taschenmesser eine Eiche fällen, auf deren einem Ast ich zudem noch saß.

Warum nur kam ich mir ihm gegenüber so hilflos vor? Fehlendes Selbstbewußtsein? Ach, zum Teufel, ich weiß es nicht.

Und warum mußte ausgerechnet *ich* süchtig werden? Andere trinken doch auch und werden *nicht* süchtig. Warum gerade *ich*? Nur dann, wenn ich nicht wieder anfange zu trinken, kann ich mit meinem Leben noch etwas anfangen. Ich glaube, zumindest das habe ich begriffen.

Abstinenz ist die Bedingung für alles Weitere.

So schlecht sind doch meine Voraussetzungen gar nicht: Ich habe den ganzen Abend für mich. Ich habe Kondition, und ich kann mir den Mann aussuchen, den ich will, und muß nicht den Mann nehmen, der mich, obgleich ich trinke, akzeptiert. Ich brauche keine Angst zu haben, daß ich in peinliche Situationen hineingerate. Ich kann immer Herr der Lage sein, wenn ich nicht trinke.

Ich sollte mir vorstellen, ich käme wie vor sechzehn Jahren nach dem Abitur aus einer Kleinstadt in Thüringen nach Berlin zum Studium. Jetzt könnte ich alles besser machen, das heißt mich nicht abkapseln und alle Möglichkeiten nutzen, die die Großstadt bietet. Geld habe ich, eine Wohnung habe ich, ich brauche *bloß* etwas zu tun.

In den letzten beiden Tagen war ich einem Rückfall nahe. Im Betrieb war ich zerfahren und gereizt. Abends wollte ich ins Kino, Annett protestierte, und ich habe falsch reagiert und sie angeschrien. Das arme Kind.

Ein Glück, daß heute Anna zu mir ins Zimmer kam. Sie hat mich richtig zusammengestaucht: Ich sei doch erwachsen. In drei Monaten würde es mir bestimmt besser gehen. Dann könnte ich Annetts Vertrauen verloren haben, wenn ich sie jetzt schlecht behandelte. Ich müsse mich zusammenreißen und was Schöpferisches tun. Das Gute in allem sehen und nicht das Schlechte. Ich bekäme auch noch einen Mann, der als Deckel zu meinem Topf passe.

Ich zeigte Anna meine Paßbildersammlung, und sie erschreckte mich mit der Bemerkung über das erste Foto, das noch aus der Zeit vor meiner Abstinenz stammte: „Da hast du ja noch deinen verhungerten Gesichtsausdruck." Und sie kennt mich schon ein paar Jahre! Klar, richtig gut und gesund sah ich in den letzten Jahren nie aus.

Doch „geschieden, zwei kleine Kinder, voll berufstätig" – das war Erklärung genug.

Daß die Sache mit Karl-Heinz nicht so einfach zu lenken ist, wie ich dachte, habe ich an meiner Reaktion gemerkt. Als mir klar wurde, daß er nicht kommt, hätte ich beinahe geheult.

Was denkt er sich dabei? Wahrscheinlich gar nichts. Wenn er Zeit hat, kommt er mal und ist ein bißchen nett. Bloß bedauerlich, daß das für mich die einzige Zuwendung ist.

Irgendwie bin ich doch ungesteuert. Das ist mir auch in dem letzten Gespräch mit Anna aufgefallen. Man solle sich nicht nach augenblicklichen Regungen richten, sagte sie.

Aber das ist ja gerade das Schöne! Ich sehe zwar ein, daß man damit auch viel Blödsinn verzapfen kann . . .

Ich kann mich nicht so steuern, daß ich jetzt sage: Mit Herrn N. ist Schluß, weil er verheiratet ist. Ich habe ihn gern. Und ich kann nicht allein sein. Jetzt nicht.

Liebes Vatichen, du hast meine aufgesprungene Seele mit deinen großen warmen Händen geglättet. Wer so küßt, muß mich doch ein bißchen mögen. Vielleicht Torschlußpanik!

Ein seltsamer Mensch. Er redet wenig. Schon gar nicht über seine Familie. Er schweigt und ist ganz „bei der Sache". Wenn er lacht, sind die Augen so lebendig. Dabei kann er auch uralt und schlecht aussehen.

Morgen ist der 80. Tag der Abstinenz. In zwei Jahren kann ich 800 Tage haben. *Lebenslänglicher Kampf gegen Alkohol.* Mal sehen, wie ich Ende Februar, also in drei Monaten dastehe.

Ein sehr gewissenhafter Mensch kann es auch ohne Rückfälle schaffen, sagt Frau Dr. Schneider. *Man muß nur alle Zufälle einplanen und die möglichen Reaktionen darauf. Es darf keine Lücke für den Alkohol geben.*

Eigentlich geht es mir schon besser. Die ersten vier Wochen waren schlimm. Der kritischste Moment war immer das Nachhausekommen. Denn im Betrieb habe ich früher nur getrunken, wenn mir etwas angeboten wurde. Und dann nur am Glas genippt.

Nicht mehr einkaufen gehen, wenn man befürchtet (oder hofft), man käme nicht an den Bierkästen oder Schnapsflaschen im Geschäft vorbei, sagt Frau Dr. Schneider. *Man kann jemand anders bitten einzukaufen.*

Ich habe anfangs Annett zum Einkaufen mitgenommen, nachdem ich ihr gesagt hatte, daß ich keinen Alkohol mehr trinke. Natürlich fiel in der Verkaufsstelle auch etwas für sie ab.

Wenn Sie nach Hause kommen, müssen Sie etwas trinken, was Ihnen schmeckt, was Sie mögen. Dann fällt Ihnen der Verzicht auf Alkohol nicht so schwer, empfiehlt mir Frau Dr. Schneider.

Ich trank schwarzen Tee. Aber ich fühlte mich krank. Einfach krank.

Wenn ich Sabine ins Bett gebracht hatte, legte ich mich auch hin. Mir sei nicht gut, sagte ich zu Annett. Früher kam ich meist nach zwanzig Uhr mit meiner Rotwein- oder Bierflasche zu ihr ins Zimmer, setzte mich an ihr Bett, und wir schwatzten über Gott und die Welt. Jetzt lag ich auf der

Couch im Wohnzimmer, das Gesicht zur Wand. Total erschöpft. Ich konnte mich um nichts mehr kümmern. Ich schlief nachts wie tot. *Das* empfand ich als Geschenk. Denn vorher hatte ich nicht gut geschlafen.

Gestern war ich völlig down. Ich hatte Kopfschmerzen. Heute habe ich mich mit Karl-Heinz nach der Arbeit getroffen und ihn zu mir nach Hause getrickst. Die Kinder waren noch nicht da.

Schöne Schmuserei ohne Leistungsdruck. Schlag nach bei Siegfried Schnabl . . .

18. November

Heute war ich kaputt seit früh, trotz Tee und Kaffee Blutdruck hundertdreißig zu achtzig.

Morgen hat Sabine Geburtstag, und ich muß noch Vorbereitungen treffen. Die Kinder waren heute unmöglich. Sie schrien sich an, tobten durch die Wohnung, knallten mit den Türen. In solchen Situationen hätte ich mir früher einen angetrunken. Nur um mich zu beruhigen. Aber jetzt darf ich nicht.

Nun ist schon wieder alles vorbei. Nach zwei Stunden Konversation gingen wir „zur Sache" über. Vielleicht macht's der Altersunterschied, daß du von meinen „natürlichen Gegebenheiten" so fasziniert bist. So entzückt hat mich noch keiner ausgezogen. Diesmal waren wir schon besser aufeinander eingespielt. Ich muß dir die Initiative überlassen und darf nichts übereilen.

Wir hatten Zeit füreinander. Und nun genieße ich mich. Ich habe überall so ein schönes Gefühl, alles entspannt. Ich höre Musik und mache sonst nichts, um dieses Gefühl, daß einer mich liebgehabt hat, richtig auszukosten. Doch irgendwie tut es mir weh, wenn er dann geht. Vielleicht macht's auch die Ausnahmesituation, daß ich die Stunden mit Karl-Heinz so genieße: Wir kriegen uns ja nicht.

Wir haben nicht verabredet, wann wir uns wiedersehen.

Seiner Meinung nach könnte es sicher jeden Haushaltstag so weitergehen. Zwölfmal im Jahr zusätzlich zu seinen geordneten Familienverhältnissen. Für mich das einzige. Ich habe ihn gern. Und es hilft mir, über die Zeit hinwegzukommen, aber es macht mich nicht froh. Geborgtes Glück. Ich kann ihn abends nicht haben. Ich kann mich nicht mit ihm sehen lassen. Er ist Ersatz. Ich bin Ersatz. Aber wenn ich ihn nicht hätte, wäre ich jetzt viel, viel trauriger und unausgeglichener.

Ich werde mich auf Mittwoch, auf die Gruppenstunde, konzentrieren. Vielleicht versuche ich es doch wieder über eine Heirats-Annonce.

Man soll die Verantwortung für die eigene Geborgenheit keinem anderen übertragen, sagt Frau Dr. Schneider.

Was ist, wenn der dann plötzlich fehlt?

Ich müßte einen Stand erreichen, auf dem ich in mir selbst geborgen bin, von keinem Menschen abhängig. Ob ich das wohl schaffen werde?

Dezember 1980

Ich habe ein Tief gehabt.

Ich bin am Verschlampen. Ich bin nervös und reizbar. Ich esse viel zuviel. Das soll zu Beginn der Abstinenz normal sein, verträgt sich aber nicht mit meiner Diabetesdiät. Achtzehn Kohlenhydrateinheiten.

Ich leide darunter, daß ich für Karl-Heinz nur Nachtisch bin. Andererseits zeigt das Verhältnis doch, daß ich ohne weiteres die Frau von einem normalen Mann sein könnte. Ich kann's. Ohne Alkohol. Ich bin zwar ein bißchen schüchtern und menschenscheu, aber ich komme doch allgemein und speziell mit ihm zurecht. Ich kann antworten, wenn er etwas fragt. Ich werde begehrt. Ohne Alkohol bin ich ein Mensch.

Ohne Kampf ist nichts. Kampf ist das Normale, sagt Frau Dr. Schneider.

Das habe ich als Kind und Jugendliche nicht gelernt. Im Gegenteil: *Selig sind die Friedfertigen* ... Und: ... *wenn dir je-*

mand einen Streich gibt auf deine rechte Backe, dem biete die andere auch dar.

Ich kämpfe bewußt erst seit Beginn der Abstinenz. Alles andere war Notwehr.

Zu Hause habe wohl die Nestwärme gefehlt, nimmt Frau Dr. Schneider an. Da irrt sie sich.

Der Freitag war recht und schlecht vorübergegangen. Sonnabend (Vorarbeit für Weihnachten) hatte ich ein verquollenes Gesicht und fühlte mich schlecht. Ich blieb extra länger im Betrieb, weil ich auf Karl-Heinz' Anruf wartete, war aber unkonzentriert und arbeitsunfähig. Dann fuhr ich schließlich nach Hause, in der Hoffnung, daß er dort anriefe. Annett war gleich nach der Schule zur Geburtstagsfeier ihrer Freundin gegangen, Sabine war noch im Kindergarten. Karl-Heinz rief an und sagte ab. Er sagte ein paarmal, daß es ihm leid täte.

Dann saß ich allein in der kalten Bude – fünfzehn Grad zeigte das Thermometer, und heulte vor Enttäuschung.

Was dir nur leid tut, ist für mich eine Katastrophe! Du hättest doch merken müssen, daß ich dich brauche. Ich war drauf und dran, Martin anzurufen, damit er abends käme. Ob mit oder ohne Alkohol.

Ich habe mich dann aufgerafft und Kohlen geholt, die Waschmaschine angestellt und Sabine vom Kindergarten abgeholt. Ich habe alles getan, was das Kind braucht.

Auf dem Rückweg vom Kindergarten las ich auf dem Anschlag an der Kirche, daß am Sonntag Familiengottesdienst sein würde, und ich entschloß mich hinzugehen. Ein Ziel für den Sonntagvormittag.

Auf dem Anschlag hatte gestanden, daß die Gottesdienstbesucher Kerzen und Weihnachtsbaumschmuck mitbringen sollten. Vor Beginn des Gottesdienstes durften Eltern und Kinder die Kugeln an die Weihnachtsbäume hängen und die Kerzen im Altarraum aufstellen. Schließlich war der ganze Altarraum voll brennender Kerzen. Von der Predigt ist bei mir nur hängengeblieben, daß der Pfarrer die Gemeinde angesichts der vielen Kerzen aufforderte, *ein Licht für andere zu sein.*

Die Teilnahme am Gottesdienst hat mich irgendwie beruhigt.

Abends buken wir noch ein herrliches Lebkuchenhaus, obwohl es wieder viel zu spät für die Kinder wurde.

Karl-Heinz ist nicht für mich da. Er kann es objektiv auch gar nicht sein, denn er ist alt sowie beruflich und familiär engagiert.

Vielleicht sollte er gerade am Sonnabend pünktlich nach Hause kommen, seiner Frau bei den Weihnachtsvorbereitungen helfen. Ich rufe nicht wieder an. Ich bin dann bloß so enttäuscht, wenn ich eine Absage bekomme. *Alles geht vorüber.* Etwas Schöpferisches tun! Ordnung machen, heizen, Musik hören. *Der Kampf gegen sich selbst ist normal.*

Martin kann mir auch nicht helfen. Ich bin *nicht* weich geworden.

Alle warten auf das große Glück, den großen Erfolg, die große Liebe, sagt Frau Dr. Schneider. *Doch das gibt's gar nicht. Es setzt sich aus kleinen Einzelschritten zusammen. Ohne große Euphorie.*

Ich will immer alles gleich. Wenn ich bloß das Gefühl hätte, daß einer für mich da wäre! Das ist es, was mir fehlt.

Karl-Heinz ist nicht für mich da. Ich werde ihm kein böses Wort sagen. Er kann nichts dafür. Er kann sich nicht in meine Lage versetzen. Trotzdem hätte er mal zu einer Telefonzelle gehen und mich anrufen können.

8. Dezember

Kurz entschlossen bin ich heute in der Mittagspause zum Berliner Verlag gefahren und habe eine Heiratsannonce aufgegeben. Ist zwar etwas peinlich, wenn man dort seinen Zettel abgibt, aber was soll's. Es kennt mich ja keiner. In sechs Wochen ist die Annonce in der „Berliner Zeitung", zehn Tage später kann ich die Zuschriften abholen, wenn welche gekommen sind. Denn es wird nichts mit Karl-Heinz und mir.

Ich bin im Moment so unleidlich. Ich bin unausgeglichen

und kann mich schwer auf etwas konzentrieren, zum Beispiel, ein Buch durchzulesen.

Mir fehlt etwas. Mein Körper braucht wohl keinen Alkohol mehr, aber die Seele braucht ihn. Ich möchte mal wieder aus mir rausgehen. Ich merke erst jetzt richtig, wie gehemmt ich bin.

Mir fehlt einer, zu dem ich immer sagen kann und möchte, daß ich ihn gern habe. Wenn Karl-Heinz mich abschiebt, tut er noch etwas Gutes für seine Familie. Für ihn ist das alles nicht so bedeutend wie für mich.

Genug davon.

In zwölf Tagen fahre ich mit den Kindern zu meinen Eltern, dann kommt Neujahr. Danach bin ich vielleicht übern Berg. Solange ich denken kann, gab es kein alkoholfreies Silvester und Neujahr. Etwas war immer da.

Ich würde mich zwar unter Alkohol viel besser fühlen, doch die wirkliche Lage wäre nicht besser.

Sich mit der wirklichen Lage abzufinden, ist eben die Kunst, sagt Frau Dr. Schneider.

Ich muß trainieren.

Ich darf im Gegensatz zu anderen nicht trinken, weil mir der Alkohol zu angenehme Gefühle verschafft, die ich dann immer wiederholen möchte. Da fällt mir ein: Als ich siebzehn oder achtzehn Jahre alt war, lud unser Russischlehrer, ein Lette aus Riga, mich und einen Klassenkameraden zu Kaffee und Kuchen und einem Glas Wein ins Stadtcafé ein, weil wir die einzigen waren, die an seinem Russischunterricht Interesse zeigten. Als wir so saßen und plauderten, sagte er mit rollendem R zu mir: „Sie werrden es mal schwerrr haben im Leben." Ich habe das damals nicht verstanden. Es ging mir doch gut. Ich bekam meine Einsen. Was wollte ich mehr? Hat er mir damals angemerkt, wie schnell und euphorisierend Alkohol auf mich wirkte?

Er trank, das war bekannt.

Wenn ich jetzt wieder begänne zu trinken, käme ich schwerer davon los. Ich würde die Abstinenz von Tag zu Tag aufschieben, von Woche zu Woche, weil's eben so schön wäre und man sich dem Alkohol so kampflos ergeben könnte. Der Kampf dagegen ist anstrengend.

Einem anderen ein Licht sein kann ich nur, wenn ich nicht trinke. Der Alkohol ist mein Hauptproblem. Arbeitsstelle, Männer, Zuckerkrankheit – alles nebensächlich.

Vielleicht war am Scheitern meiner Ehe vor Jahren gar nicht so sehr der Mann schuld . . . Mein Grundübel war und ist die mangelnde Konfliktbewältigung.

Man muß schon einem Kind beibringen, mit Konflikten fertig zu werden. Das ist die beste Garantie dafür, daß es nicht süchtig wird. Kindern einen heile Welt vorzuspielen ist sinnlos und schädlich. Das Leben ist manchmal wenig schön, sagt Frau Dr. Schneider.

Man braucht keinen Alkohol zum Leben. Lieber eine durchgrübelte Nacht – und dann ein Entschluß. Das ist besser als Alkohol und Schlaf- oder Beruhigungstabletten.

Ich halte es ohne Partner nicht aus. Deshalb die Annonce. Vielleicht war es wieder zu schnell. Ich *muß* ja keinen nehmen, aber es würde mich doch ablenken. Ich sehe ja, wie ich durchhänge und mich nach Karl-Heinz sehne.

Laß mal, im Januar wird's besser.

Auf die Annonce müßte sich einer melden: Nichttrinker natürlich, nicht zu dünn, eher groß als klein, so wie Karl-Heinz, etwas musikalisch, vielleicht evangelisch, möglichst mit Familienversorgungsinstinkt und ohne Neurose, sauber, etwas sportlich, zu allen freundlich und gut. Er müßte große, schöne Aufgaben für mich haben.

Ich fühle mich von Frau Dr. Schneider vernachlässigt. Sie mußte früher gehen, weil sie etwas anderes vorhatte. Verlagsbesprechung. Sie schreibt ein Buch über Alkoholismus. Wir hätten alle einen Rückfall bauen sollen, dann könnte sie auch etwas über die Therapeutenpersönlichkeit und deren Bedeutung für den Alkoholiker schreiben. Sie soll sich um uns kümmern! Sie soll für uns dasein!

Ich bin kindisch und unreif. Ich sollte mich schämen.

Ich bin ziemlich erkältet, möchte mich aber nicht krank schreiben lassen, weil ich dann allein zu Hause wäre. Ich wünsche mir, daß ich heute von der Gruppenstunde mehr mitnehme als die letzten Male. Mir fehlt irgendwie die seelische Stütze. Trotzdem, alles kann ich dort auch nicht sagen. Nur, daß ich mich beschissen fühle, daß mir der Alkohol fehlt und ein Mann, den ich auch vorzeigen kann. Mit dem ich mich nicht zu verstecken brauche.

Nun bin ich doch seit gestern krank geschrieben. Karl-Heinz ... Der ist so integriert in seine Familie, man kann ihn da nicht rausreißen.

Eigentlich gibt's gar keinen Konflikt. Er bleibt, wo er ist, ich suche mir einen anderen.

Eine Sache ohne Zukunft, für ihn angenehm, für mich zuwenig. Ich verzehre mich nach ihm, und ich bin traurig, wenn er geht. Er dagegen freut sich, daß es dank meiner Geduld und Zärtlichkeit geklappt hat. Vielleicht hat seine Frau nicht soviel Ausdauer. Doch wem nützt es? Seinem Selbstbewußtsein. Ich bin geduldig, weil er der einzige ist, der zu mir hält. Das ist eben ein Verhältnis mit einem verheirateten Mann. Wenn man sich auf so etwas einläßt, muß man auch die Zurücksetzung in Kauf nehmen. Er hat für einen Moment etwas bekommen, das reicht. Und dann braucht man sich um nichts mehr zu kümmern, auch wenn sich *die Seele des anderen vor Schmerz krümmt.*

Ich fahre über Weihnachten zu meinen Eltern. Ich kann nicht hierbleiben. Gerade Weihnachten nicht. Da sitzen die braven Ehemänner zu Hause unterm Weihnachtsbaum.

Alle haben mich im Stich gelassen. Vor allem Martin. Der hat mich ausgenutzt. Er hat sich selbst um seinen sicheren Hafen betrogen, wo ihn jeden Morgen eine große Tasse Kaffee in der Küche erwartete und über seinem Handtuchhalter im Bad ein M stand.

13. Dezember

Fazit der letzten Gruppenstunde: *Man müsse ein überdurchschnittlicher Mensch sein, wenn man die Abstinenz durchhalten wolle.* Danke schön, Frau Doktor. Ich könnte jeden Tag wieder saufen.

Die Julklappfeier habe ich mit fünf Glas Saft überstanden. Ich gesellte mich zu den älteren Kolleginnen, die kaum noch tranken.

Neulich kam ich bei „meiner" Eheberatung vorbei und ging kurz entschlossen hoch, um mich bei der Fürsorgerin, Frau Müller, zu bedanken, daß sie vor drei Monaten so schnell gehandelt hatte. Sie war erfreut. „So oft kommt das nicht vor, daß sich welche bedanken", sagte sie und fragte dann nach meinem Partner.

„Den habe ich dadurch verloren . . ."

„Soll ich Sie für den Klub der Alleinstehenden vormerken?" fragte sie. „Frauen sind dort zwar in der Überzahl, aber . . ."

„Nein, danke", sagte ich, „ist nicht nötig."

Scheißabstinenz! Da wird mir dann womöglich etwas angeboten, und ich weiß nicht, ob ich es immer schaffe abzulehnen. Und überhaupt, was soll ich in einem Klub der Alleinstehenden, in vier Wochen etwa habe ich meine Annoncenzuschriften auf dem Tisch. Wenn nichts Passables dabei ist, kann ich immer noch zu Frau Müller gehen und mich in diesen Klub aufnehmen lassen.

Also wozu den Kopf hängenlassen? Genieße das Weihnachtsfest und sei ein Licht für andere . . .

Morgen Fahrt nach S. Nur nicht verrückt machen lassen. Es ist doch alles so gut wie fertig. Und wie ich mich gebe, reagieren auch die Kinder.

Ich habe meinen Eltern in einem meiner letzten Briefe mitgeteilt, daß ich zur „Abstinenzbewegung" übergetreten sei. Ohne Begründung. Nichts über den Alkoholismus. Sie haben nicht darauf reagiert.

Mein Vater wird meinetwegen nicht auf ein Gläschen verzichten, das glaube ich nicht. Ich muß damit rechnen, daß zu Hause offene Flaschen stehen. Aber mir darf in bezug auf den Alkohol dort nichts passieren. Darf einfach nicht.

Wenn's nicht auszuhalten ist, muß ich an die Luft gehen. Oder zu den Großeltern nach A. fahren, aber hier in Berlin kann ich nicht bleiben. Und nach Weihnachten winken eine einträgliche Honorarübersetzung, eine zweite Weihnachtsbescherung, weil ich die Geschenke für die Kinder nicht mitschleppe, und die Aussicht auf ein paar Annoncenzuschriften.

Die Gruppenstunde am Dienstag, dem 30. Dezember, ist als Prophylaxe für Silvester bitter nötig.

Reiß dich zusammen, es geht weiter!

Wenn ich mal wieder brav mit einem ordentlichen Mann verheiratet bin, werde ich mit einem Lächeln an diese Zeit zurückdenken.

27. Dezember

Ich habe den Eindruck, keiner versteht mich hier. Es wäre so einfach und gemütlich, jetzt einen zur Brust zu nehmen, zumal das Zeug dasteht. Wie gut würde ich mich schon nach einem einzigen Glas fühlen!

Mein Vater hat es, meinem Beispiel folgend, Montag, Dienstag und Mittwoch alkoholfrei ausgehalten. Immerhin drei Tage. Heute hat er ohne ein Wort zu sagen, das Haus verlassen, ist aber bald wiedergekommen. Es hat sich wohl etwas mitgebracht, trinkt jetzt heimlich und denkt, ich merke es nicht. Ich kenne das alles. Er tut mir leid, weil ich ihn durchschaue.

Meine Mutter reagiert überhaupt nicht auf sein Verhalten. Wie kann sie das nur ertragen?

Sie würgt jedes Gespräch über Alkohol sofort ab: „Ach, sag mir doch mal . . ." Sie will davon nichts hören. *Im Hause des Henkers spricht man nicht vom Strick.*

So kann sie sich nicht über meinen Erfolg – vier Monate Abstinenz – freuen, weil sie ihn nicht als Erfolg sehen will, weil sie den wahren Zustand nicht sehen will.

Zwar war es schön, daß wir hier über Weihnachten ein Dach über dem Kopf hatten. Mutti war entsetzt, wie schlecht ich aussah. „So kann ich doch gar nicht mit dir zu Oma fahren", hat sie gejammert und mir die schönsten Süßigkeiten angeboten. Ich muß doch die Diät halten, was helfen mir Süßigkeiten. Sie hat wirklich alles für unser leibliches Wohl getan. Aber sonst ist sie nicht souverän.

Irgendwie eingeschüchtert . . . Dabei ist sie in ihrem Beruf so tüchtig! Als Laborleiterin von den Kollegen geschätzt. Ein unbegreiflicher Widerspruch. Aber ich habe nichts gesagt.

Bei Oma und Opa war's schön. Opa mit seinen neunundachtzig Jahren würde mich vielleicht verstehen, weil er schon so vieles gesehen hat. Er ist sehr gebrechlich geworden.

Morgen geht's wieder heimwärts, in die leere, kalte Bude. Zu Hause, am Montag, werden wir abends Bescherung machen. Vielleicht ist auch Post gekommen. Am Dienstag werden wir was Schönes unternehmen: Tierpark? Museum? Theater der Freundschaft? Mal sehen.

Nochmals zum Alkoholthema: Es will mich keiner verstehen, weil Alkoholismus „unmoralisch" ist. Trotzdem darf ich nicht weich werden. Ich könnte nur schwer oder gar nicht wieder aufhören. Alles wäre umsonst gewesen.

Wenn ich noch einen Monat durchhalte, darf ich mir vom nächsten Übersetzungshonorar irgend etwas Schönes für mich ganz allein kaufen. Das ist der nächste Meilenstein.

Sei lieb zu den Kindern, lieb und konsequent. Sie nutzen jede Schwäche aus. Sei lieb.

Silvester 1980

Die Wohnung war nicht so kalt, wie ich befürchtet hatte. Mein Zustand am Abend nach der Reise war nicht besonders gut. Er war sogar bedenklich. Annett hatte es gemerkt und mich ins Kino gehen lassen. *Levins Mühle.* Danach war ich wieder normal.

Martins Weihnachtsgruß hat mich angekratzt. Am 21. Dezember geschrieben, und der Absender wohnt nur ein paar Straßen weiter.

„Das Leben wird notfalls nicht gelebt, sondern ausgehalten", schreibt er.

Ich lebe, sogar ganz bewußt, damit ich in kein Loch stolpere. Es war gut, daß ich mich über Weihnachten zu meinen Eltern gerettet habe. Und morgen fängt ein neues Jahr an.

Januar 1981

Von Martin habe ich letzte Nacht geträumt, nachdem ich ihn Silvester vom Betrieb aus angerufen hatte. Er will Mitte des Jahres wieder mit mir reden. Er will nicht glauben, daß man die Abstinenz so lange durchhalten kann. Ich muß fest bleiben. Nun gerade. Er allein weiß, wie eng mein Verhältnis zum Alkohol war und wie schwer mir die Enthaltsamkeit fallen muß. Hätte sich unser beider Verhältnis nicht so zugespitzt, wäre ich nicht zur Vernunft gekommen. Noch einmal schaffe ich es nicht. Vergiß nicht: *Das erste Glas ist der Rückfall,* sagt Frau Dr. Schneider.

Der Jahreswechsel ist „glücklich" vorübergegangen. Dieses Jahr müßte eine neue Romanze bringen. Bloß nichts übereilen. Menschliche Wärme, ja, aber nicht um jeden Preis. Was nützt mir einer, den ich nach der „Probezeit" wieder wegschicke.

Ich muß allein sein können, dann kann mich keiner unter Druck setzen.

Ich habe Migräne. Das Wetter ist schlecht. Früher hätte ich in dieser Situation getrunken. Oder hätte zwei rezeptfreie Schmerz- beziehungsweise Schlaftabletten genommen. Oder Baldrian. Oder Magentropfen. Hauptsache — irgend etwas.

Die Erfahrung, daß es auch so geht, habe ich gemacht. Wenn ich heute Migräne habe, geht es mir morgen um so besser. Sie kann allerdings bis morgen anhalten. An der sexuellen Abstinenz wird es auch liegen.

Karl-Heinz und ich kamen am Freitag von verschiedenen Sternen. Er aus seinem friedlichen, etwas trägen und bequemen Familienheim, ich aus meinem Schützengraben des Kampfes gegen alles mögliche. Emotional vernachlässigt und unbefriedigt.

Du hast über Weihnachten auf Familienleben gemacht. Vielleicht hast du jetzt ein schlechtes Gewissen deiner Frau gegenüber und willst nicht mehr fremdgehen. Ich überlasse es dir. Du warst jedenfalls mir fremd und hast dir über Weihnachten einen Bauch angefuttert. Oder der neue Pullover ist zu eng. Alt sahst du aus, gar nicht glücklich. Es besteht kein Zweifel daran, daß ich dich gern habe. Aber du bist ein ungeeignetes Objekt.

Gestern und heute war ich unsagbar fleißig und habe alles aufgearbeitet, was vor dem Urlaub liegengeblieben war. Und die Kinder habe ich richtig motiviert. Sie waren so lieb. So war's eigentlich immer, wenn wir längere Zeit in den Ferien oder bei Krankheit zusammen waren. Nur nicht den Mut verlieren.

Vielleicht ist bei der Annonce etwas Nettes dabei. Wenn einer zwei Kinder in Kauf nimmt . . .

Diesmal locke ich nicht mit der Wohnung. Ich trockne dahin wie eine vergessene Pflanze.

Ideen für 1981: 1. Die Hauptsache bleibt die Abstinenz. 2. Allseitige Förderung der Persönlichkeit. Meiner Persönlichkeit. 3. Die berufliche Arbeit ist wichtig, aber ohne Karrierismus.

Die Woche hat 168 Stunden. Abzüglich 50 Stunden für Arbeit und Wegezeiten, 63 Stunden für Schlaf und Körperpflege, 20 Stunden Hausarbeit. Dann bleiben immer noch 35 Stunden. Wenn man die richtig nutzt, kann man viel davon haben.

Gestern nach dem Abschiedsgespräch mit Karl-Heinz im Café hatte ich wieder ein absolutes Tief. Migräne, jedes Geräusch tat mir weh. Ich habe ihm gesagt, daß er nicht mehr zu mir nach Hause kommen soll. Es belaste mich zu stark. Er hat nicht widersprochen. Nur genickt. Nun kann er seine Arbeitszeit wieder richtig ausnutzen.

Heute war die Annonce drin, in vierzehn Tagen habe ich hoffentlich ein paar ordentliche Angebote in der Hand. Erst allen schreiben, vielleicht ausführlich. Noch vierzehn Tage Durststrecke, dann kann ich interessante Männer kennenlernen.

Vielleicht haben auf meine Heiratsannonce 1978 nur deshalb so viele geschrieben, weil ich mit der Wohnung gelockt habe. Wenn diesmal weniger Zuschriften kommen, bin ich eine Illusion los.

7. Januar

In der heutigen Gruppenstunde war ich die einzige Frau unter fünf Männern. *Sie haben zu lange getrunken, deshalb fehlt Ihnen ein Stück Entwicklung. Sie können Enttäuschungen nicht verarbeiten. Es ist ganz normal, daß man zwei Tage froh und einen Tag traurig ist,* sagt Frau Dr. Schneider.

Ich muß also lernen, Enttäuschungen zu verarbeiten. Es geht immer weiter, auch ohne Alkohol. Man darf sich nicht vernebeln.

Am Montag gehe ich zum Berliner Verlag, um die Zuschriften abzuholen. Ich glaube, Karl-Heinz' Bild wird die Wahl bestimmen. Und allen sage ich, genau wie Karl-Heinz, die ganze Wahrheit.

Wenn sie dann abhauen, ist's sowieso egal.

Mir geht's nicht gut. Ich bin nervös. Die Kinder sind mir auf die Nerven gegangen.

Gestern abend habe ich mich früh ins Bett verzogen und geheult. Ich bin so hektisch und denke viel an Alkohol. Morgen halte ich Ernte. Wenn keine Zuschriften gekommen sind, gehe ich abends ins Kino. Es kann ja sein, daß letztens doch alle auf meine Wohnung aus waren. Ich fühle mich vernachlässigt. Vielleicht vernachlässige ich mich auch selbst? Die Wohnung habe ich in einer Art Vorfreude saubergemacht. So müßte die Wohnung immer aussehen. Ich muß kontinuierlich saubermachen. Es fehlt immer der Anstoß.

Diesmal muß die „Anbahnung" anders laufen. Ich muß von vornherein Bedingungen stellen:

– kein Alkohol im Hause,
– die Kinder werden nicht reglementiert,
– Heirat frühestens in zwei Jahren, am besten gar nicht,

- Schätze werden nicht angehäuft, kein Haus gebaut,
- vorerst wird zwecks Kennenlernen die Freizeit gemeinsam kulturvoll verbracht,
- Wohngemeinschaft erst, wenn ganz ernste Absichten bestehen und die Wahrscheinlichkeit, daß man zusammenbleibt, sehr hoch ist,
- bevorzugt wird ein Mann Mitte Vierzig,
- Parteizugehörigkeit nicht unbedingt notwendig,
- Kinder möglichst nicht, weil ich das nicht schaffe,
- Enkel sind erwünscht,
- Alkohol darf nicht in seinen Tagesablauf integriert sein.

Der Rückfall von der Frau H. aus der Gruppe hat mich schockiert. Sie war nicht mehr sie selbst.

Ich möchte nicht wieder da einsetzen, wo ich aufgehört habe. Dann wäre ich nicht mehr mein eigener Herr und Herr der Lage.

Ich reagiere auf Alkohol eben anders als andere Menschen. Schneller. Stärker euphorisierend. Ich darf mich nicht wieder in dem Spinnennetz verfangen. Besser lebenslanger Kampf, als nicht mehr Herr seiner selbst zu sein. Auf alle, die mich in dieser Hinsicht nicht verstehen, muß ich verzichten. Ich bin gar nicht schlecht, bloß so labil. So bin ich eben!

Damit muß ich fertig werden.

Motto: *Abstinenz hat die Priorität, auf ihr baut sich alles andere auf. Auch wenn's dauert.*

Schicksal, nimm deinen Lauf. Acht Zuschriften, davon eine gute, die genau in das Bild paßt. Ich habe nun einen schönen, sachlichen Brief verfaßt, der am Mittwoch beim Antragsteller sein kann. Also kann er frühestens am Donnerstag um achtzehn Uhr anrufen.

1,70 Meter ist klein, 62 Kilogramm ist leicht, handlicher Mann. Diplomingenieur. Geschieden, zwei erwachsene Töchter. Tätig als wissenschaftlicher Mitarbeiter. Schöne, ausgeglichene Schrift. Der ist bestimmt Pedant. Wenn kein Funke überspringt, muß ich es eben noch mal versuchen. Nicht aufgeben, mal klappt's schon. –

Der Mann paßt ein bißchen zu gut in das Bild, das ich mir gemacht habe. Vielleicht ist er hypersexuell, unverträglich, langweilig.

Ich könnte nun ruhig schlafen. Alles, was ich tun konnte, habe ich getan. Bis zum Treffen mit dem „Bewerber" kann ich gar nichts beeinflussen.

Ich stehe doch hinter anderen gleichaltrigen Frauen nicht zurück. Ich brauche mich nicht zu verstecken. Mehr Selbstbewußtsein. Wer mich kriegt, kann froh sein!

22. Januar

Das allerbeste gestern war, daß ich mir Annett ins Bett geholt habe und sie vorsichtig und freundlich auf eine eventuelle neue Bekanntschaft vorbereitet habe.

Sie war einverstanden. Hoffentlich wird es nun. Wenn nicht, dann nächste Recherche.

Ich darf mich nicht hängenlassen.

Ich habe mich mit Anna unterhalten. „Immer an die Alternative denken", sagte sie. „Mit vierzig ausgeflippt oder in jeder Beziehung gut gehalten."

Nicht sich selbst bemitleiden. Kämpfen, denn es lohnt sich. Wie sie sagt, habe ich im letzten halben Jahr aufgeholt.

Am liebsten möchte ich gegenüber dem Bewerber die Alkoholikergruppe totschweigen, weil ich mich schäme, so ein „Laster" gehabt zu haben. Was sagt ein Mann, wenn man jeden Mittwoch etwas vorhat?

Der Bewerber Loschewski meldet sich nicht. Hat er Angst vor der eigenen Courage bekommen? Vielleicht muß er auch erst seine alte Freundin loswerden oder sich mit einem Kumpel beraten. Vielleicht grübelt er, ob's das richtige ist, sich noch zwei Kinder aufzuhalsen. Das könnte ich sogar verstehen. Übereilte Entschlüsse sind nicht gut. Er soll es sich überlegen, damit ich in zwei Jahren nicht wieder an der gleichen Stelle stehe.

Vielleicht hat den Bewerber auch meine Bitte um Verständnis für Alkoholabstinenz geschockt. Das müßte doch mit dem Hinweis auf Liebe und Zärtlichkeit kompensiert werden. Warum ruft er nicht an? Ist er krank? Auf Dienstreise? Wohnt er vielleicht nicht zu Hause?

Vielleicht hat er Telefonangst oder einfach keine Gelegenheit zu telefonieren.

Loschewski hat angerufen. Hat Telefon zu Hause. Klang befangen, sprach sehr deutlich.

„Man muß ein bißchen Mut haben", sagte er. Die schüchterne Ausdrucksweise steht im Widerspruch zu seinem Briefstil.

Erstes Treffen am Donnerstag, zwanzig Uhr, Rathauscafé. Ich darf nicht zuviel erwarten. Ich müßte mir vorstellen: Ein Kollege hat einen Bekannten, der alleinstehend ist und eine Frau sucht. Deshalb vermittelt er die Bekanntschaft. Und jetzt treffen wir uns, um herauszufinden, ob wir miteinander auskommen könnten.

Das ist eine hübsche Variante, der kommerzielle Charakter fällt weg.

Taktik bis Donnerstag: Sowenig wie möglich davon reden. Das geht niemand etwas an. Nur mich und die Kinder. *Wir* müssen mit ihm auskommen.

Es müßte so sein, daß man nach einiger Zeit das Bedürfnis empfindet, lieb und nett zueinander zu sein. Er muß doch kein Held sein. Hauptsache: verständnisvoll und stabil.

Mein Hauptproblem ist und bleibt der Alkohol.

Über den Mann denke ich schon viel zuviel nach. Komisch, vor einem Jahr hätte ich noch „Nein!" gesagt, wenn es darum gegangen wäre, einem Mann zuliebe auf Alkohol zu verzichten. Ich hätte lieber den Mann laufenlassen.

Ich brauche weder Angst noch Minderwertigkeitskomplexe zu haben. Ich habe einen ordentlichen Beruf. Anderer Leute Kinder sind auch frech.

Wie werde ich am Freitag aussehen. –

Anna will mir einen Mann backen. Vielleicht ist das gar nicht mehr nötig. Vielleicht paßt der Loschewski schon. Wenn ich jemand kennenlerne und sitze ohne Alkohol mit ihm zusammen, kommt es auf mich an, wie die Stimmung ist. Ich kann sagen, ich habe einen Leberschaden. Nun habe ich aber Loschewski schon geschrieben, daß ich aus Überzeugung nicht trinke. Na ja, weil der Alkohol der Leber schadet.

27. Januar

Heute war ein Brief mit Bild von Loschewski im Briefkasten. Er gefällt mir. Er sammelt mit dem Bild Punkte für sich. Warum schreibt ein so hübscher Mann auf Annoncen? Vielleicht ist er schüchtern. Wir werden sehen.

Vielleicht bin ich nicht sein Typ? Na und! Ich würde den Mann am liebsten anrufen, aber dann bildet er sich ein, er wäre der einzige, der sich gemeldet hat. Also Zurückhaltung. Wer sich rar macht, wird mehr geliebt. Frau Dr. Schneider meint zwar, für eine feste Bindung wäre es zu früh. Ich müßte erst die „alkoholfreie Anbahnung in einer geeigneten langfristigen Gemeinschaft" lernen. Die hat Humor. Von ihrer Seite aus hat sie wohl recht. Sie weiß nicht, wie schön es sich zwischen Karl-Heinz und mir alkoholfrei angebahnt hat. Was für schöne alkoholfreie Stunden wir gemeinsam hatten. Wie mir Liebe und Zärtlichkeit fehlen.

Ob man nach fünf Monaten Abstinenz noch nicht wieder lieben darf? Freilich muß die Liebe ein Therapieerfolg sein, Frau Doktor.

Immerhin hat sie mir einen nützlichen Dämpfer verpaßt. Ich muß aufpassen, daß ich durch die Bekanntschaft mit Loschewski keinen Rückfall baue.

Außerdem kann er wegen seines Autos nicht trinken. Also keine Gefahr für Donnerstag.

Wie benehme ich mich? Nicht backfischhaft albern und burschikos, sondern mit dem ruhigen, zurückhaltenden Charme einer Mittdreißigerin und Mutter von zwei Kindern. Für den Ausgang des Treffens gibt es drei Varianten:

a) begeisterte Verabredung für das Wochenende, er fährt mit uns raus ins Grüne beziehungsweise Weiße, denn es ist ja Winter;

b) Abkommen, daß der Abend verarbeitet und dann wieder angerufen wird;

c) es ist klar, daß wir aneinander vorbeireden, daher hat es keinen Sinn.

Auf keinen Fall eine feste Bindung!

29. Januar

Früh: Fünf Monate Abstinenz. Ich könnte mir zur Belohnung etwas kaufen. Ich leiste mir eine „soziale Wiedereingliederung" – eine alkoholfreie Anbahnung auf der Grundlage einer Annonce für fünfzig Mark. Für fünf Monate ohne Rückfall werde ich belohnt mit Herrn Loschewski.

Abends: Ich bin traurig und könnte heulen. Fühle mich alleingelassen. Er steigt in sein Auto und fährt ab. Hat mir zwar andeutungsweise übers Haar gestrichen.

Wieder so ein Klavierspieler, Intelligenzler, der schöne Schachtelsätze redet. Insofern ist er Martin ähnlich. Aber ob er auch säuft? Man müßte seine Wohnung sehen. Wenn sie so tot wie Martins ist, säuft er.

Auf dem Foto sah er ganz anders aus. Er macht einen etwas hilflosen Eindruck. Er würde mich wohl nicht einengen. Aber ob der mir ein solider Halt ist? Ich würde ihn gern wieder anrufen, bloß damit ich nicht allein bin. Er wirkt originell, aber nicht seriös. Er geht wie Napoleon, eine Hand in der Knopfleiste des Mantels. Hauptsache, ich bin ruhig geblieben. Mit der „ruhigen Würde der Mittdreißigerin". Ich habe meine innere und äußere Freiheit betont.

Das Alkoholproblem ist noch nicht geklärt.

Ist er fasziniert von mir? Ich weiß nicht. Wenn der mich liebte . . .

Martin und ich glaubten auch, uns zu lieben, aber dann war der Alkohol stärker.

Es ist alles ganz gut gelaufen. Vielleicht ruft er morgen an. Er ist absolut nicht aufdringlich geworden. Alles normal. Er ignoriert den Wohlstand nicht, aber er sieht ihn auch nicht als das Wesentliche an.

Wir suchen beide das Wesentliche. Ob wir es *miteinander* finden? Vielleicht!

Gestern abend habe ich wieder zwei Stunden mit Loschewski telefoniert. Er hat sogar zuerst angerufen.

Vor einem Jahr noch hätte ich gehofft, daß keiner mehr nach zwanzig Uhr anruft, damit ich in Ruhe trinken kann, und hätte sogar das Telefon abgestellt, damit mich keiner mehr stört. Und jetzt warte ich ganz nüchtern, daß einer anruft. Rein telefonisch sind wir weit gekommen. Als ich ihm von meinem Alkoholproblem erzählte, merkte ich, wie meine Nasenspitze ganz kalt wurde. Das passiert immer, wenn ich mich bedroht fühle.

Er hat es wohl verkraftet. Er ist mächtig verklemmt. Er meint, er sei zu klein und häßlich und habe keine Ausstrahlung. Er sagt, er wolle keine Kompromisse mehr eingehen. Wenn Liebe vorhanden sei, gehe alles von selbst.

Ich bin nicht der Meinung. Ich habe schon große Lieben abflauen sehen. Er braucht mich ja nicht zu nehmen, er kann ja weiter nach der großen Liebe suchen. Es gibt bestimmt Menschen, die besonders gut zu einem passen, und diese Beziehung muß man dann sorgfältig pflegen.

„Eine gute Ehe ist eine Reserve", sagt Anna. „Man hat die Hände frei für alles andere."

Wir waren ziemlich ehrlich. Das Gespräch hat uns zweifellos nähergebracht. Das hat mit Annonce nicht mehr viel zu tun. So hätten sich auch zwei Menschen, die sich zufällig irgendwo getroffen haben, unterhalten können.

L. sagte zum Schluß, daß er sich nach diesem Gespräch nun besonders auf das heutige Treffen freue.

Ja, mein lieber Herr Loschewski, was machen wir heute von zwanzig bis zweiundzwanzig Uhr?

Wenn es ein Lustspielfilm wäre, gäbe es nach den Szenen im Café, im Park und am Auto, nach den Telefonier-szenen (besonders als es um den Alkoholismus ging), nach meinem Haarewaschen heute früh und der „Bitte um Aus-gang" bei Annett heute abend zumindest ein Zwischen-Happy-End, das bis zum Du ginge.

Dann ist der Dokumentarfilm über sozialistische Lebens-weise zu Ende.

Wollen wir das Zwischen-Happy-End nicht aufschieben? Ich werde es nicht unbedingt forcieren und vor allem nicht enttäuscht sein, wenn Loschewski sachlich bleibt. Ich habe ja noch andere Möglichkeiten.

Februar 1981

Früh: Ich muß mich vor übertriebener Begeisterung hüten! Gestern war's fast zu schön. In der Senkrechten ist er ein bißchen klein, aber in der Waagerechten der Größte.

Abends: Ich kann Loschewski nicht anrufen und bekomme schlechte Laune. Er wird mir wieder fremd. Ich möchte ihm vertrauen und ihn gern haben. Morgen um fünfzehn Uhr kommt er zum Kaffee. Nur nicht die Nerven verlieren.

Ich beginne zu zweifeln.
Ich habe ihn um eine klare Entscheidung gebeten, und er eiert rum. Ich könnte ihn gleich abschreiben. Ich rufe ihn nicht wieder an. Es ist sein gutes Recht, zu finden, daß wir nicht zueinander passen.

Das Bett allein macht's auch nicht. Soll er sich's überle-gen. Trennung lieber jetzt als in einem halben Jahr. Dann wär's viel schlimmer.

So kommt der „Onkel", der zweimal da war, eben nicht mehr. Kommt nicht mehr zu Besuch. Schade! Es wird sich her-ausstellen, was er möchte. Familie ist Familie. Das weiß er.

Ich habe ihm die Entscheidung leicht gemacht. Ich will kein Mitleid. Eine Frau fürs Bett findet er immer wieder, aber keine, die so freundlich und verständnisvoll ist wie ich. Sein eigener Schaden.

Es ist nicht einmal schlimm, wenn er nicht will. Es ist normal, daß es nicht gleich klappt. Weiter komme ich ihm nicht entgegen.

Schweigen und abwarten!

Ich bin traurig. Ob der Loschewski noch überlegt?
Vielleicht sind wir ihm lästig, andererseits . . .
Er könnte, wenn er wollte . . ., wenn ich das wäre, was er sucht. Wenn nicht, dann wird's wohl nichts!
Laß ihn überlegen, laß ihn in Ruhe.
L. hat wieder angerufen und kommt am Wochenende!

17. Februar

Gestern habe ich mit innerer Anteilnahme das zweite Ehebett bezogen, das Schlafzimmer geheizt und saubergemacht. Es war mir ein richtiges Vergnügen.

Um zwanzig Uhr kam Herr Loschewski. Wir aßen und schwatzten, und dann beschlossen wir, ins Bett zu gehen. Ich duschte, er duschte, das Bett war frisch bezogen, das Zimmer warm.

Als wir wieder zur Ruhe kamen, war mir, als wäre alles, was in den letzten vierzehn Jahren Bedrückendes gewesen ist, ausgelöscht.

Mal wieder einen Abend allein. Eine Denkpause ist nicht übel. Jetzt merke ich, wie mein inneres Pendel wieder nach negativ ausschlägt.

Vorhin sagte ich am Telefon zu Loschewski, daß ich nicht wüßte, wie ich Annett die ganze Sache beibringen solle. Er sagte ganz ehrlich, daß er mit seinen Überlegungen noch nicht am Ende sei.

Der Unterschied zwischen „ganz nahe" und „weit weg" macht mir wieder zu schaffen.

Wäre ich nicht bei Frau Dr. Schneider angebunden, würde ich mir heute abend einen ansaufen, aus den vorgenannten Gründen. Statt dessen schreibe ich . . . –

Ich sei ihm der liebste Mensch, sagte der Herr Loschewski eben am Telefon. Auf einmal! Vielleicht, weil ich angedeutet habe, daß ich im März die zweite Hälfte der Annoncenzuschriften auswerten will.

Nach dem ersten Telefongespräch mit ihm heute abend war ich sauer, weil ich das Gefühl hatte, er wollte mich abschieben. Früher wäre ich in dieser Situation losgegangen, um mir eine Flasche Rotwein oder drei Flaschen Bier zu holen.

Beim zweiten Anruf wäre ich dann nicht dagewesen oder schon im Stoff.

Es lebe die Abstinenz!

Bei Herrn Loschewski fallen Risikofaktoren weg:
- Alkohol: damit Abflachung, Geiz und Unzuverlässigkeit;
- Dummheit: er ist mathematisch-naturwissenschaftlich gebildet sowie musikalisch;
- Kriminalität: er ist ehrlich und kauft alles auf Rechnung;
Neue Risikofaktoren könnten sein:
- sein unaufhaltsamer Redestrom;
- er schüchtert mich zu sehr mit seinem großen Wissen und Können ein;
- er überfordert mich sexuell.

Loschewski betrachtet die Eheschließung als „resigniert aufgegebene Suche". Ein drittes Mal möchte er das nicht machen. Kann ich sogar verstehen. Warum sollte ich heiraten? Loschewski ist ein Erlebnis. Er hat gestern abgewaschen. Er sieht morgens und abends gut aus.

Ich kann Herrn Loschewski ansehen. Das kann ich bei unsympathischen Menschen nicht. Ich kann ihn auch morgens ansehen. Martin konnte ich zum Schluß morgens nicht mehr angucken.

Loschewski sagt, er wolle sich nicht mehr vorwiegend vom Verstand als vielmehr vom Gefühl leiten lassen. Offenbar hat er den Verstand sonst vorgezogen. Das getan, was für ihn am günstigsten war. Also eine hübsche Frau zum Vorzeigen bevorzugt, die immer Zeit fürs Bett und keine Kinder hat und ihn ansonsten machen läßt, was er will. Weil ihn das aber auch nicht glücklich gemacht hat, will er jetzt eine andere Variante ausprobieren.

Daher muß man nicht voraussetzen, daß alles gleich klappt, denn es ist ja auch für ihn eine neue Rolle. Er sagt, er finde es gut, mit mir zusammen zu sein.

Liebe? Irgendwie ist er mir immer noch fremd, oder er wird immer wieder fremd.

Im Bett ist alles einfach.

Ich kann nicht so ohne weiteres davon ausgehen, daß er ein besonders guter Mensch ist. Er ist ein Mensch, der lieb sein kann, der Fähigkeiten hat und eine gewisse Lebenserfahrung.

Bin ich wirklich frei von dem Wunsch, in einer Ehe materiell versorgt zu sein? Vielleicht ist das auch eine Reaktion auf meine jahrelang bedrängte Finanzlage. Diese wäre aber längst nicht so bedrängt gewesen, wenn ich nicht an die siebzig Mark im Monat für *Getränke* ausgegeben hätte. Wieso erwarte ich, daß mich ein anderer durchfüttert?

Das Gefühl für L. müßte so bleiben, steigern kann sich's, aber nicht absinken.

Ich möchte über mich selbst hinauswachsen, immer freundlich, aber bestimmt sein, den Kindern gegenüber und Herrn Loschewski gegenüber. Die Kräfte einteilen, daß noch etwas bleibt, was mich liebenswert macht. Ich will mich nicht aufopfern für die Familie, sondern mit der Familie an Reife und Persönlichkeit gewinnen. Ich müßte auch wieder in den Zeichenzirkel gehen.

März 1981

Irgendwie unterscheidet sich mein Verhältnis zu Herrn Loschewski von meinen vorangegangenen Liebschaften. Es ist keine Liebe auf den ersten Blick. Wir schlafen miteinander, ja. Und das besonders gut, mit Genuß und Freude daran und dem Gefühl, daß wir uns beide, zumindest in dieser Hinsicht, anziehen.

Doch Martin war mir ähnlicher, näher. Er war kein so geschickter Liebhaber, aber er war hinterher fertig und glücklich. Wie ein Kind zu Weihnachten. Echt und ehrlich fertig und glücklich.

Herr Loschewski berlinert und bastelt am Auto wie mein Exgatte. Er ist zu tüchtig und ausdauernd. Das wird mich einschüchtern, wenn ich es zulasse . . .

Loschewski mag sich nicht entscheiden. Das braucht er auch nicht. Ich hebe seine Pantoffeln auf, die kommen in die lange Reihe mit Namen: Meier, Müller, Schulze . . . Ich will mir keine Hoffnungen machen. Er muß nicht denken, ich wolle ihn integrieren. Das will ich gar nicht. Wenn er es aufs Bett reduziert, bitte, dann mache ich es ebenso. Aber irgendwie bin ich ein bißchen sauer und enttäuscht. Vielleicht, weil ich von der Stichflamme mit Martin ausgehe. Hier brennt's nur, wenn man immer wieder nachlegt. Vielleicht hängt meine trübe Stimmung auch mit meiner Erkältung zusammen. Erst mal drüber schlafen.

13. März

Ich bin, glaube ich, wieder bei Normalnull angekommen, was auch nicht von Schaden ist. Herr Loschewski ist nicht zu Hause. Ich war im Kino, „weil keiner mit mir spielt". Am liebsten ginge ich zu Martin und sagte: Tag! Hast du nicht was zu trinken da?

Ich habe letzte Nacht intensiv von Alkohol geträumt. Ich hatte eine Grippe. So richtig geht's mir noch nicht wieder, ich habe immer Kopfschmerzen, links.

Herr Loschewski verleitet mich nicht zum Trinken. Ich kann mit ihm reden und ihn um Mitternacht anrufen, wenn ich schlecht geträumt habe. Er kann Lampen anbringen und Haken eindübeln, wozu ich nicht fähig bin. Und dennoch, irgendwas fehlt.

Die Vertrautheit, die zwischen Martin und mir herrschte, ist nicht da. Obwohl ich wieder nicht weiß, ob sie nicht nur aus unserer gemeinsamen Suchtneigung herrührte. Es kann auch sein, daß zwei Süchtige sich so über den Normalzustand hinaus aufschaukeln, daß ihnen alles danach fade erscheint. Herr Loschewski ist mir so fremd, weil er so normal ist. Er sagt: „Mit uns ist das schon ganz prima." Er sagt aber nie zwischendurch etwas Nettes.

Ich bin irgendwie im ganzen nüchterner geworden.

In seiner Wohnung war er zugänglich, einfach natürlicher. Hier wirkt er steif und trocken. Und er ist oberflächlich. Für ihn ist Frau gleich Frau. Frauen wollen aber immer individuell geliebt werden. Er müßte mir etwas vormachen. Doch wozu? Die „große Liebe" mit Martin hat auch zu nichts geführt, außer zur Steigerung des Trinkens.

Also abwarten, die Beziehung pflegen, das Vorhandene genießen, nichts erzwingen wollen, was nicht da ist.

Das unbestimmte Gefühl hat mich doch nicht getrogen. Herr Loschewski war am Freitagabend mit einer anderen Annoncendame essen. Sein gutes Recht. Aber ich lasse mich nicht als stille Reserve benutzen. Nicht mehr! Dann wird er eben mich los. Ich habe ihm vorgeschlagen, Pause zu machen, bis er weiß, mit wem er die Pommes frites essen will. Ich dränge mich keinem auf.

So, nun sitze ich da. Konsequenz ist gut, aber schwer. Die Konsequenz gegenüber Martin hat mir nur Gewinn gebracht.

Heute ist der 200. Abstinenztag.

Und die Konsequenz gegenüber Herrn Loschewski bringt mir entweder Herrn Loschewski oder eine neue Recherche. Ich muß ganz einfach hart bleiben. Nach sieben Wochen Bekanntschaft darf man eine Entscheidung verlangen, sonst denkt er, ich liebe Parallelverhältnisse.

Ich reagiere einfach zu empfindlich auf alles – Freundlichkeit, Entgegenkommen, Kritik, Bosheit, Lärm . . .

Früher konnte ich die Empfindlichkeit mit Alkohol dämpfen. Jetzt ist es schwerer. Alles muß verarbeitet werden. Es geht mir alles derart unter die Haut. Es müßte mich gleichgültiger lassen.

Es sieht so aus, als hätte mir die Konsequenz doch Herrn Loschewski beschert. Die Konsequenz hat zwar nur bis zum 18. März gedauert, als ich ihn nach der Gruppenstunde mit großer Verspätung besucht habe. Er hat mich still begeistert in die Arme geschlossen, und ich war so verdammt müde und hatte Kopfschmerzen. Am Wochenende darauf wich er nicht von meiner Seite, stapfte, ohne zu schimpfen, durch den Schlamm am Summter See und ging mit mir ins Kino, schob Sabine auf dem Fahrrad durch den Park, und wir unterhielten uns über Finanzen, ohne daß ich gleich Gastritis bekam.

Das ist alles schon *ganz ordentlich*. Aber wenn ich bedenke, auf welch dünner Decke das alles steht. Ich kann alles kaputtmachen, wenn ich wieder anfange zu trinken. Wenn ich nicht trinke, bin ich bestimmt eine nette Frau. Er wolle mir das Leben leichter machen, sagt er.

Es ist ein bißchen viel und ein bißchen schwierig für mich. Mit ihm muß ich anständig sein und bleiben. Er ist zu tüchtig. Aber warum muß ich mich immer vergleichen und besser abschneiden wollen? Er ist eben der Tüchtigere. Soll er mich doch verwöhnen.

Aber seine Tüchtigkeit darf mich nicht entmutigen und nicht träge machen. Ich muß meine Ansprüche durchsetzen. In seinen Armen fühle ich mich sicher, nicht leidenschaftlich geliebt, aber geborgen.

April 1981

Wie sagt doch Frau Dr. Schneider: *Der Alkoholiker darf sich nicht übernehmen. Er muß seine Kräfte sinnvoll einsetzen. Das Leben ist eben so mies, wie man es nüchtern sieht. Wenn man trinkt, hat man leicht Höhepunkte, aber unechte, leicht zu erreichende. Wenn man nicht trinkt, sind die seltener und viel schwerer, mit viel mehr Anstrengung und Aufwand zu erreichen.*

Mit Herrn Loschewski ist jetzt alles so ordentlich, daß man fast Angst bekommen möchte. Die Voraussetzun-

gen sind so gut, man könnte zusammen Berge versetzen.

Aber ich würde besser schlafen mit Alkohol oder Tabletten. Denn ich kann nicht schlafen, wenn Herr Loschewski
neben mir im Bett liegt . . .

Da muß ich durch. Es geht nur dann gut, wenn ich nicht
trinke. Für die Abstinenz werde ich mit einem fürsorgli-
chen, intelligenten, potenten Mann belohnt, der zudem
noch einen Garten hat.

Mai 1981

Die Abstinenz nagt an mir. Herr Loschewski war am Wochenende sauer, weil sein Auto kaputt ist. Wir kamen wegen Annetts Übelkeit zu spät in den Garten. Draußen war
es kalt und ungemütlich. Im Bungalow lief der Fernseher
den ganzen Tag. Das erinnerte mich an meine erste Ehe.
Morgens fing Herr L. gleich wieder mit seinem Autoärger
an, und ich stieg, unausgeschlafen und ungefrühstückt, voll
darauf ein. Es wurde mir alles zu dumm, und ich drehte
durch und wollte nach Hause fahren. Er hat es nicht zum
Krach kommen lassen.

Ich war schon am Abend vorher unruhig und gereizt. Ich
war todmüde, konnte aber nicht einschlafen. *Psychoabsti-
nenzsyndrom,* sagt Frau Dr. Schneider dazu. *Entzugserscheinun-
gen ohne vorherigen Suchtmittelgebrauch nach längerer Abstinenz.*
Das Zusammenleben ist nicht leicht und überhaupt nicht
ideal. Eher anstrengend.

Im Bett ist es ganz prima. Aber am nächsten Morgen . . .
und überhaupt am Tage . . .

Ich muß mehr an den „sinnvollen Verzicht" auf Alkohol
glauben und darf nicht den Zeiten nachtrauern, als ich allen
Ärger runterspülen konnte. Damals war ich viel weniger
frei als jetzt. Es ist ein ungeheurer Fortschritt, daß ich nicht
mehr trinke!

Wie schlecht ginge es mir, wenn ich's täte. Auch für Annett und Sabine wäre es schlecht. Ich hätte eine Reserve
verschenkt, dazu kämen Minderwertigkeitskomplexe. Das

ist jetzt eine schwierige Übergangszeit, aber sie ist doch nicht umsonst. Sonst könnte ich mir gleich einen Strick nehmen. Nicht den Mut verlieren. Anderen geht's noch schlechter.

Juni 1981

Mir geht's nicht gut. Ich mag niemand sehen, geschweige denn sprechen. Mein Großvater ist gestorben. Heute wäre er neunzig Jahre alt geworden. Er ist mit Oma ins Altersheim umgesiedelt, und dann ist er gestorben.

Weihnachten habe ich ihn zum letztenmal gesehen.

Ich bin nicht zur Beerdigung gefahren. Das hätte ich nicht ausgehalten. Das hätte ich nicht alkoholfrei überstanden. Meine Mutter hat mir Opas Tod telefonisch mitgeteilt. Ich habe an Oma geschrieben.

Im Grunde genommen beneide ich ihn: Der hat's geschafft. Ich muß weitermachen.

In der Woche arbeiten, am Wochenende in Herrn Loschewskis Garten fahren. Essen kochen, abwaschen, Rasen mähen, fernsehen, Bett. Für die Kinder dasein.

Ach, laßt mich alle in Ruhe.

Juli 1981

Schon eine Woche im Urlaub, meinem „sozialen Experiment": Ich hatte Annett erlaubt, eine Freundin mitzunehmen. Das war nicht ganz uneigennützig, denn Annett und Sabine zanken sich ständig. Ich hoffte, die beiden Großen beschäftigen sich miteinander. Dann könnte ich mich um Sabine kümmern. Immerhin kommt die Freundin dadurch einmal raus. Ihre Mutter ist geschieden, aber viel älter als ich und oft krank.

Herrn Loschewski haben wir zu Hause gelassen. Er wäre ohnehin nicht gern mitgefahren, denn der Garten braucht Pflege. Und er will die Einfahrt betonieren.

Ich bin zum erstenmal allein mit den Kindern in den Urlaub gefahren. Es läuft nicht schlecht bisher, doch alle meine Fehler zeigen sich hier deutlicher: Ich bin ungesellig. Ich verziehe Sabine. Ich bezeichne mich ständig als „alte Frau" oder „eure alte Mutter".

Ich mache mich lächerlich! Also Schluß damit! Sabine ist kein kleines, hilfsbedürftiges Kind, und ich bin keine alte Frau.

Wie wirke ich auf die anderen Urlauber? Immerhin waren sie so nett, mich in die Rommérunde mit einzubeziehen. Den angebotenen Wein habe ich dankend abgelehnt. Prompt hatte ich in der Nacht darauf echte Angstträume: ein Glas getrunken, das andere weggegossen, aber nicht in das Handwaschbecken im Zimmer, sondern vorsichtshalber in eine Schüssel. Ein Glück, daß es nur ein Traum war!

Ich habe erklärt, daß ich absolut keinen Alkohol trinke. „Wie meine Schwiegermutter", sagte eine blonde junge Frau. Ich zuckte mit den Schultern. Schwiegermutter. Jetzt brauche ich mich nicht mehr zu isolieren. Bis gestern bin ich vor allem vor dem Alkohol davongelaufen. Noch vor einem Jahr hätte ich es mir nicht vorstellen können, daß ich mit den Kindern allein fahre. So schlimm ist's gar nicht.

Was mache ich nach dem Urlaub?
a) auf alle Fälle muß ich zuerst mit Bravour mein nächstes Arbeitsprojekt termingemäß fertigstellen: fremdsprachige Zeitschriften auswerten, wichtige Artikel übersetzen und für die Forschungsabteilungen zusammenstellen;
b) die Fahrerlaubnis ohne Bravour erwerben;
c) Sabines Einschulung alkoholfrei überstehen und
d) in den Zeichenzirkel zurückgehen.
   Das Wichtigste ist und bleibt die Abstinenz.

Was ich durch die Fahrschule an Arbeit versäume, werde ich zu Hause nacharbeiten. Das ist nur ohne Alkohol zu schaffen. Vielleicht muß ich auch noch ein paar Urlaubstage dranhängen.

Danach darf ich in den Zeichenzirkel gehen.

Der Haushalt müßte systematisiert werden. An Arbeit ist es gar nicht soviel, nur die Lust fehlt.

Herr Loschewski ist tüchtig, aber fremd. Er ist mir nicht

ähnlich. Er ist unbestreitbar ein großes Vorbild. Mit ihm er-
leidet man keinen Schiffbruch. Man kann sich an ihn gewöhnen, darf sich aber durch seinen Leistungsfimmel nicht
unterbuttern lassen.

Jeder Mensch ist eben anders.

Mit Martin ging es voriges Jahr im Urlaub auch in der zweiten Woche bergab. Diesmal sind's die Kinder. Sie sind
frech, besonders Annett. Was soll ich da machen?

Vielleicht gibt's sich von selbst wieder.

Ein Bild habe ich gemalt. Ein schönes Aquarell für Anna.
Einen Ebereschenzweig.

31. Juli

Morgen geht's nach Hause.

Den Kindern hat es gefallen. Sonst hätten sie nicht gesagt, daß sie gern noch hierbleiben würden.

Ich habe das Gefühl, als hätte ich mich überhaupt nicht
erholt. Besonders heute, nach der Anstrengung gestern
abend: Alle trinken, bloß ich nicht.

Der erste alkoholfreie Urlaub. Der ist mir schwergefallen.
Es war mehr Antialkoholtraining als erholsamer Urlaub,
weil ich im vorigen Jahr mit Martin ebenfalls hier war, weil
mir von den kommunikationsfreudigen Urlaubern ständig
etwas zu trinken angeboten wurde und weil ich viel Zeit
hatte. Aber ich habe Erfahrungen gesammelt mit drei Kindern, ohne Mann, ohne Alkohol. In bezug auf Annetts
Freundin ist meine Rechnung aufgegangen: Ich habe mich
oft darüber gefreut, wie die beiden miteinander umgingen.
Und ordentlich ist das Mädchen: Meine beiden essen Bonbons und Kekse krümelnd aus der Tüte, sie dagegen holt
einen Teller dafür. Doch: Annett ist mir gegenüber zu
frech, Sabine und Annett sind weiter wie Hund und Katze.

Schlußfolgerungen: Sabine und Annett strenger und konsequenter erziehen. Sabine nicht verwöhnen. Aktiver in
Kontakt zu anderen treten. Öfter zeichnen.

Der Urlaub war nicht schlecht. Bloß, für mich war über-

haupt keine Zärtlichkeit da. Ich möchte keine Seemanns-
frau sein. Mein Kontaktbedürfnis ist gestiegen, und zwar
sowohl nach allgemeinen als auch nach speziellen Kontak-
ten.

Morgen Rückfahrt. Zu Hause ruhig bleiben, Mittags-
schlaf, Kaffee, einkaufen, spazierengehen, Kino.

Am Sonnabend müßten wir zu Herrn Loschewski in den
Garten fahren.

September 1981

Ich habe lange nichts geschrieben. Vielleicht türmen sich
deshalb die Mißempfindungen an. Ich stecke in einer Krise.
Seit wann eigentlich?

Als ich vom Urlaub zurückkam, war ich enttäuscht, daß
Herr Loschewski nicht da war. Dabei war nichts abgespro-
chen, und ich hätte rausfahren können. In dieser Situation
traf ich zufällig Martin auf der Straße – mit einer neuen
Freundin. Erst dachte ich, es sei seine Tochter. Jetzt merke
ich, daß ich doch noch an ihm hänge.

Ich glaube, ich habe nie derart meine Grenzen gespürt.
Und das ist bitter und schwer zu ertragen. Aber es geht
nicht mit Martin und mir. Er braucht einen stabilen Partner. Nicht mich.

Dann kamen die Vorbereitungen für Sabines Einschulung und diese selbst, die ganz gut gelaufen ist, aber nicht
sehr erholsam war.

Das letzte Wochenende ist voll an den Baum gegangen,
im wahrsten Sinne des Wortes. Ich hätte Sonnabend früh
wieder zu L. ins Bett kriechen sollen, nachdem ich die Kinder für die Schule fertiggemacht hatte. Denn das hatte er
erwartet. Statt dessen habe ich ihn zum Frühstück gebeten.
Beim Frühstück redete ich pausenlos von der Abstinenz,
weil ich es inzwischen immerhin ein Jahr lang „trocken"
ausgehalten habe. Ich nahm an, L. würde mich loben. Unbefriedigt, wie er war, reagierte er ziemlich gereizt und
stufte das Jahr Abstinenz als „höchstens relative Leistung"
ein, eine Leistung, um überhaupt erst an Null heranzukom-

men. Und die absolute Leistung beginne erst ab Null. Ich war gekränkt und schwieg. Nach dem Mittagessen fuhren wir mit den Kindern in den Garten. Mit weiteren Bemerkungen über „Leistung" und „Autofahrleistungen" seiner letzten Freundin brachte mich Herr L. dazu, daß ich mich trotz anfänglichen Sträubens ans Steuer setzte und losfuhr.

Ich Idiot! Ich landete am einzigen Baum, der da stand. Zwar ganz langsam, im ersten Gang, aber was hält ein Trabant schon aus! Jedenfalls splitterte die Pappe, und die Lampe kriegte auch was ab.

Herr Loschewski hat versucht, sich zusammenzureißen. Immerhin bin ich nicht gleich zurückgefahren, sondern habe den ganzen Tag im Garten ausgehalten. Noch nie bin ich so gern nach Hause in die leere Wohnung gekommen!

Im Grunde genommen ist die Panne nicht so schlimm. Herr Loschewski kann den Schaden sogar selbst beheben. Ich habe inzwischen die Summe, die die Ersatzteile kosten, auf sein Konto überwiesen.

Ich werde nie mehr mit den Kindern schimpfen, wenn sie etwas kaputtgemacht haben!

Ich fahre nicht mehr mit dem Auto! Erst wenn ich's kann.

Ich habe ein Jahr Abstinenz überstanden und lebe noch. Ist das nichts?

15. September

Heute abend will Herr Loschewski kommen.

Liebe ist es zwar von meiner Seite nicht, aber wenn ich die ganze Woche allein war, möchte ich wieder mit ihm schlafen. Ich möchte nichts grundlegend verändern. Ich weiß nicht, ob ein anderer besser ist. Denn alle bisher waren nur im Suff zu ertragen. Ich habe bisher niemand länger ohne Alkohol ertragen. Vielleicht kann ich es überhaupt mit keinem aushalten.

Ich glaube, alle Menschen gehen einem mal auf die Nerven. Auch die besten. Wenn man älter wird, braucht man Toleranz und ein dickes Fell. Meins ist zu dünn.

Ich müßte aktiver sein. Das bißchen Energie wird von der Arbeit, dem Haushalt und den Kindern aufgefressen. Ich müßte mal mit Loschewski zusammen wegfahren. Aber wohin mit den Kindern? Ich will niemand belasten. Ich habe zuwenig eigene Wünsche. So wie ich bin, bin ich unattraktiv für einen Mann. Keine Zeit – nervös – keine Leistung. Wenn ich wenigstens Ruhe und Zufriedenheit ausstrahlen würde.

Vor einem Jahr war ich froher, weil ich in der Euphorie der überstandenen Gefahr lebte.

Etwas zu unterlassen ist für Herrn Loschewski keine sichtbare Leistung. Nulleistung. Dafür spendet er kein Lob. Nur für absolute Leistung.

Seltsam, nach diesem Autounfallwochenende bin ich zum erstenmal seit zehn Jahren gern nach Hause gekommen, während sonst die leere Wohnung ein Greuel für mich und Grund zum Trinken war. Apropos Trinken: Wenn ich jetzt nicht „organisiert" wäre, würde ich die Gelegenheit des bevorstehenden Gasheizungseinbaus nutzen, um viel Bier und Schnaps für die Handwerker zu kaufen und die „Überschüsse" selbst zu trinken. Denn eine Baumaßnahme ohne Alkohol gab's noch nie.

Eigentlich ist es zum Lachen: Die Gasheizung habe ich 1978 beantragt, als ich noch mit Martin Tisch und Bett teilte. Damit er nicht soviel Kohlen aus dem Keller hochzuholen brauchte.

Und nun hat der liebe Nächste den Nutzen.

19. September

Mißbehagen, Unlust. Nur den ganzen Tag im Dreck gewühlt. Und was habe ich geschafft? Die Rohre unordentlich gestrichen. Das einzig Positive ist, daß ich auf einer hohen Leiter keine Angst mehr habe. Ich könnte jetzt glatt eine Decke abwaschen und streichen. Ich müßte viel mehr allein tun, anstatt zu denken, daß es eigentlich Herr Loschewski machen könnte.

Es ist schon schlimm mit mir. Ich habe eine Menge nachzuholen. Was kommt dann, wenn ich alles nachgeholt habe? Vielleicht schaffe ich es auch nicht, alles nachzuholen. *Erreichbare* Ziele setzen: Arbeit, Fahrschule, Jugendweihe, Urlaub.

22. September

Feierabend! Endlich mal wieder die *Pastorale* von Beethoven hören. Ich bin müde, dieses schwüle Wetter macht mich fertig. Morgen wieder Hochleistungsschicht – dann Gruppenstunde. Ich gehe dorthin, weil das Menschen sind, die mich verstehen. Das hätte ich eher machen sollen, aber vielleicht hätte es eher nicht geklappt. Was hatte ich denn für ein Motiv? Trinken war doch so schön. Nach dem ersten Glas fiel die Spannung von mir ab. Das Verhältnis zu Martin hat den Ausschlag gegeben.

Martin ist Illusion und große Ähnlichkeit (positiv und negativ). Man liebt nicht immer die, die es auch verdienen würden.

27. September

Heute war ich mit Annett und Sabine im Otto-Nagel-Haus. Ich müßte auch weitermalen. Talent bricht sich Bahn. Wenn es das nicht tut, habe ich keins. Ich möchte malen, aber es gibt soviel anderes zu tun, was zuerst gemacht werden muß, meiner Ansicht nach. Ich kann mich nicht zerreißen. Den ganzen Tag im Betrieb, und abends ist meist auch irgendwas. Die Woche ist viel zu hart.

Herr Loschewski ist auf Dienstreise. Das hat auch sein Gutes. Jetzt, da ich so hektisch bin wegen meiner Termine, ist er mir sowieso zuviel.

Nächstes Wochenende fahre ich mit den Kindern nach Potsdam. Das Wochenende darauf werde ich wohl mit meiner Arbeit zu tun haben. Dann kommt Herr Loschewski wieder.

Irgendwas fehlt mir. Was Schöpferisches. Voriges Jahr war die Abstinenz noch Abenteuer und Heldentum. Neue Horizonte sind fern. Das alte Ufer ist noch zu nah.

Ich muß soviel an Martin denken. Er hat sich sicher längst getröstet und lebt sein Leben. Aber erst große Worte von Liebe. Ach, es ist so häßlich, das Alte klebt so. Das Spinngewebe des Trinkenmüssens habe ich zerrissen und abgestreift. Aber mir kommt es vor, als stünde zwischen mir und dem wirklichen Leben eine Wand. Irgendwas hemmt mich.

Die Haare gehen mir aus. Ich muß unbedingt zum Hautarzt. Das Wochenende ist vorüber. Endlich habe ich mal richtig saubergemacht. Ein Glück, daß Herrn Loschewskis Besuch „droht".

Mir ist, als wäre es mir besser gegangen, als ich noch den Ausweg im Alkohol hatte. Aber wie lange wäre das gut gegangen? Das ist es eben. Daran muß man denken. Es wäre vielleicht bis vierzig mehr oder weniger gut gegangen, und dann wäre Schluß gewesen. Sabine wäre elf Jahre alt. Denk mal daran, Sabine wäre erst elf! Wo kämen die Kinder hin? Zum geschiedenen Mann oder ins Heim! Bloß nicht!

Herbst ist eine deprimierende Jahreszeit. Nicht verrückt machen lassen.

Immerhin hat Sabine schwimmen gelernt, ist Annett ausnahmsweise friedlich, sind die Nachbarn jetzt ruhig, obwohl sie sonst immer Lärm machen, immerhin ist's warm durch die neue Gasheizung, immerhin hat sich Herr Loschewski für Dienstag angesagt.

Was will ich denn verlangen? Es ist eben nicht so, daß man automatisch ein normaler, ausgeglichener Mensch ist, nachdem man aufgehört hat zu trinken. *Man setzt wieder da ein, wo man angefangen hat, regelmäßig zu trinken, wo man angefangen hat, Probleme oder einfach Mißstimmungen und Unbehagen wegzuspülen. Anstatt sie zu verarbeiten, anstatt darüber zu reden. Anstatt etwas zu tun,* sagt Frau Dr. Schneider.

Es ist schon wieder so spät geworden. Ich sollte schlafen gehen. Gestern haben Herr Loschewski und ich Chopin-Balladen gehört, und ich bin in seinen Armen eingeschlafen. Demnach war's das richtige, die Schallplatten zu kaufen. Hoffentlich hat er gemerkt, daß ich nicht soviel Sex möchte wie er.

War denn Martin ideal? Was will ich eigentlich noch von ihm? Warum habe ich mich mit ihm verabredet? Am besten wäre, er hätte die Freundin da und/oder wäre betrunken, damit mir endlich klar wird, an wem ich da noch schmerzlich hänge. Denn das ist Tatsache: Noch keine Trennung hat mir so leid getan.

Ich möchte endlich begreifen, daß ich einem Hirngespinst nachhänge. Früher bin ich mit Trennungen leichter fertig geworden. Meist durch eine neue Liebe. Aber was war ich damals anspruchslos! Wer mit mir schlief, war gut. Martin hat neue Ansprüche geweckt. Eine Ahnung von Nähe. Für ihn wollte ich den Alkohol aufgeben. Das kam ihm zu plötzlich. Darauf war er nicht vorbereitet. Außerdem war der Alkohol schon zum Bestandteil seiner Lebensweise geworden. Das kann ihm noch das Genick brechen. Er ist so überempfindlich wie ich. Mir ist so, als hätte ich ein schwieriges Kind verstoßen. Auf ihn braucht es nicht so gewirkt zu haben.

Ich möchte erreichen, daß Martin mir gleichgültig wird. Ich möchte die seelische Belastung loswerden, die mich hemmt, die mich unzufrieden und nervös macht. Ich möchte Martin vergessen, er soll mich nicht mehr beunruhigen. Martin noch einmal umarmen und dann zur Tagesordnung übergehen – ein bißchen heulen, weil aus dem schönen Anfang aus subjektiven Gründen nichts geworden ist.

Nicht hysterisch werden. Keine Angst, hysterisch werde ich nur unter Alkohol.

Frau Dr. Schneider meinte auch, daß der Alltag mein Problem ist, daß das Zusammenleben mit jemand mein Problem ist, weil ich mich immer überrollen lasse, anstatt Einhalt zu gebieten. Ich müßte mehr in die Offensive gehen. Das Einhaltgebieten kann mich Herrn Loschewski kosten.

Wenn sich die Kinder doch besser vertrügen . . . Wenn mich die Arbeit nicht so anstrengen würde . . . Ich müßte verkürzt arbeiten. Was nützt mir das Geld, wenn ich k. o. bin.

Ich fühle irgendeine Katastrophe nahen.

Ich bin allein, keiner ist da, keiner hilft mir. Ich habe verdammte Sehnsucht nach Martin, aber würde denn der mir helfen? Wenn ich krank war, war er nicht da. Warum muß mir denn immer ein Mann helfen? Männer lassen einen allein und machen noch zusätzliche Sorgen.

Frau Dr. Schneider konnte mir nichts Tröstendes sagen. Die aus der Gruppe kann ich nicht bemühen, die sind selbst zu labil. Ich will keinem auf die Nerven fallen. Am besten, ich gehe ins Bett. Morgen ist auf alle Fälle ein neuer Tag.

Mein Problem ist Martin. Das ist irre, wenn ich bedenke, wie wir uns getrennt haben! Als ich ihm damals sagte, daß ich in der Eheberatung gewesen sei und daß wir uns beide einer Gruppe abstinent lebender Alkoholiker anschließen könnten beziehungsweise sollten, sagte er: „Das mag für dich gut sein, aber für mich nicht." Ich war wie vor den Kopf geschlagen. „Dann müssen wir uns eben trennen." Ohne ein weiteres Wort packte ich seine Sachen aus dem Schrank in einen Koffer. Er nahm den Koffer und seine Bratsche und ging.

Jetzt auf einmal, nach einem Jahr, seit dem Urlaub, läßt mich der Gedanke an ihn nicht mehr los. Vielleicht ist es nur die Angst vor dem ordentlichen und normalen Leben mit einem Mann wie Herrn Loschewski.

Martin müßte mich wahnsinnig enttäuschen. Im Grunde ist doch alles klar: Ich sagte am Telefon zu ihm, ich müsse immer an ihn denken und sei noch nicht fertig mit ihm, und er erwiderte, daß er erst in vierzehn Tagen Zeit für mich hätte.

Ich gerate ja in die Rolle eines Bittstellers. Einer ist immer der Dumme. Vor einem Jahr war ich stärker als jetzt. Ich habe ihn weggeschickt. Ich mußte ihn wegschicken, um mich selbst zu retten.

Soll ich auf die Zeit vertrauen? Zeit heilt alle Wunden? Nein, ich gehe zu ihm. Ich kann nicht anders.

Ich weiß nicht, eigentlich ist alles klar. Eigentlich brauche ich nicht zu Martin zu gehen. Ich habe in dem einen Jahr vergessen, was mich an ihm geärgert hat, und nun habe ich Sehnsucht nach ihm, nach seiner hageren Gestalt, nach seinem Bart, nach seinem weichen Pullover, nach seinem sanften Blick, nach der Art, wie er „Liebste" zu mir sagte. Wir werden aneinander vorbeireden, weil ich mich geändert habe.

Vor einem Jahr habe ich alles besser eingeschätzt. Ich war begeistert von mir und meiner Abstinenz. Jetzt sehe ich, es kommt nichts Schönes mehr: Pflicht, Arbeit und kein Ausspannen. Die Bedrohung, daß ich dem Alkohol wieder verfalle, ist weg. Ich brauche mich vor niemand mehr zu schämen. Aber das Leben ist nicht *schöner* geworden. Es ist schwerer geworden. Ich bin krank und muß damit leben. Früher war ich ebenso krank, aber ich habe es nicht gemerkt. Ich unterlag einer Täuschung. Jetzt nicht mehr. Das Leben ohne Täuschung ist schwer.

Ich muß mein Verhältnis zu Martin jetzt klären. Und ich werde es klären.

Operation gelungen, Patient tot.

Martin sah gut aus. Er sei darüber hinweg, sagt er. Die junge Frau, die bei ihm wohnt, bekommt ein Kind. Nicht von ihm, sagt er.

17. Oktober

Mit Martin kann es noch zehn Jahre gut gehen. Er wird es gut bei seiner Freundin haben. Sie ist höchstens Mitte Zwanzig. Für sie ist er jetzt der große Zauberer. Für mich konnte er es nicht mehr sein. Sie wird ihm besser bekommen als ich. Ob er sich nun um das Kind kümmert oder nicht, er bietet ihr ein Dach über dem Kopf. Sie war gestern nicht da, aber ihr Einfluß war unverkennbar: In Martins kleiner Wohnung war es sauber und gemütlich.

Alles ist sehr vernünftig. Aber mir tut's weh. Ich wollte so gern ein Kind von ihm. Solange ich ein Kind wollte, habe ich vieles toleriert: Unzuverlässigkeit, Starrsinn, häufiges Betrunkensein. Das war alles falsch. Der erste Schritt hätte die Abstinenz sein müssen.

Es gibt eben Grenzen im menschlichen Leben. Wenn man dagegen stößt, tut's weh. Aber es gibt sich wieder.

Martin hat sein „lustiges Haus" (so bezeichnete er seine Freundin) – ich meinen „ordentlichen Gartenfreund". Unsere Wege haben sich gekreuzt, jetzt entfernen wir uns wieder voneinander.

Vielleicht harren wir auch beide zehn Jahre mit unseren jeweiligen Partnern aus und treffen uns dann im Griesinger-Krankenhaus oder in einer Kneipe oder in der Leichenhalle.

Ich finde keine Ruhe.

Ich muß einsehen, daß alles Blödsinn ist. Was hat denn Martin für mich übrig? Nichts! Er will ein bequemes Leben nach seinem Kopf. Das kann ihm niemand verwehren.

Die Männer sind alle Egoisten, sagt Frau Dr. Schneider.

Ich weiß genau, daß ich nicht wieder mit Martin zusammen leben könnte. Aber jetzt, nach einem Jahr Trennung, weiß ich, daß ich ihn geliebt habe.

Warum ich bloß so durchhänge? Ich muß Martin abarbeiten. Morgen kommt einer, der mich in seine Arme nimmt. Und das ist wichtig. Alles andere ist egal.

23. Oktober

Ich habe mir die Schallplatte mit dem Klavierkonzert B-Dur KV 595 von Mozart gekauft. Das hat Martin zu Beginn unserer gemeinsamen Zeit immer geübt . . .

Ich hätte es nicht auflegen sollen. Das gibt ja genau die

Stimmung wieder, in der ich mich damals oft befand! Himmelhoch jauchzend.

Und jetzt? Am liebsten würde ich sagen, ich habe einen neuen Anfang versucht, und es hat mir nicht gefallen, ich hab's nicht geschafft. Schluß machen mit allem! Ich kann doch Martin nicht auf Knien anflehen, mich zugrunde zu richten. Ich war da, und es kommt kein Echo. Was soll ich denn noch machen? Die große Liebe war keine. Wo sind meine schönen Illusionen hin? Scheißselbstmitleid . . .

Was soll ich bloß machen, um aus dieser miesen Stimmung herauszukommen? Soll ich mich wegen Depressionen ins Krankenhaus legen? Soll ich Tabletten schlucken, damit mir wieder besser wird? Soll ich trinken? Was soll ich denn bloß machen?

„Abstinenz lohnt sich", hat Anna gesagt. Das stimmt nicht, es lohnt sich nicht. Ich habe Martin nicht mehr, ich habe gar nichts mehr. Erst schicke ich Martin weg, und dann heule ich ihm nach. Irrsinn!

Ich bin nur an Pflichten gefesselt: Arbeit, Kinder. Ich möchte nicht mehr mitmachen! Ich will nicht mehr! Was soll ich denn bloß machen?

Ich muß meine Kräfte einteilen und durchhalten. Ein weiteres Jahr. Eben ein weiteres Jahr mit bescheidenen Zielen: Fahrschule, Annetts Jugendweihe, Urlaub. Ein weiteres Jahr. Und das ordentlich. Bilanz kann ich nach dem Urlaub ziehen. Eben nur ein weiteres Jahr. Vielleicht sehe ich dann manches anders. Ein weiteres Jahr. Ein weiteres Jahr.

Ich stelle mich für ein weiteres Jahr. Ob die Pflicht dann zur Freude wird?

Herr H. von der Gruppe hat mich überraschend angerufen. Er meinte, daß man sich in einer solchen Weltuntergangsstimmung, in der ich mich offenbar befinde, nur selbst helfen könne. Entweder man geht unter, oder man schafft's.

Herr Loschewski war am Wochenende bei mir, aber ich habe mich ihm entzogen. Das schuf Mißstimmung. Auf seine Frage, warum ich so verändert sei, habe ich ihm gesagt, was ich schon oft gesagt habe, bloß nicht so deutlich: daß seine Kraftprotzerei mir nicht gefällt, daß ich gewiß sexuell nicht aktiver werde, als ich es jetzt bin, daß ich an seine Erwartungen nicht herankomme in bezug auf „aufgeschlossene und attraktive Frauen", daß ich immer etwas komisch bleiben werde, daß ich mich von seinen Erwartungen an die Wand gedrückt fühle und daß das für mich unerträglich und ein Grund zum Trinken ist, noch mehr, als wenn ich einen nicht so stabilen Mann wie ihn hätte, daß ich auch einmal in Ruhe gelassen werden möchte und ... daß ich das Gefühl habe, wir passen nicht zusammen, und daß ich mit diesem Gefühl nicht so weiterleben kann.

Herr Loschewski hat sich meinen Ausbruch angehört. Er wolle sich ändern, sagte er. Schön, das ist anzuerkennen, aber ob er die Protzerei lassen kann?

Wenn ich früher merkte, es läuft nicht so, wie ich gedacht habe, dann war das immer ein Anlaß zum Trinken.

Wenn ich noch trinken würde, würde ich jetzt übermäßig trinken. Gestern abend schon, über die Mißstimmung hinweg und dann unaufhaltsam weiter.

Das Gefühl, an die Wand gedrückt zu werden, habe ich immer weggespült. Heute nicht, ich hab's ausgesprochen. Irgendein Krampf hat sich gelöst. Ich bin in die Offensive gegangen, zwar heulend, dennoch in die Offensive. Von Martin bin ich auch heulend weggegangen. Aber ich habe mit ihm geredet.

Es ist einfach zuviel, was ich da mit mir herumtrage. *Nicht überrollen lassen,* sagt Frau Dr. Schneider.

Vielleicht trenne ich mich doch von Herrn Loschewski. Aber was dann?

28. Oktober

Die Gruppenstunde war gut. Fazit: Ich muß deutlicher sagen, was ich will und was ich nicht will. Keine Anpassungsversuche! Meine Unsicherheit läßt mich zu große Kompromisse machen. Ich will ab und zu mit einem Mann schlafen, aber meistens in Ruhe gelassen werden. Ich will kein Geld und keine Sachwerte von Herrn Loschewski. Ich will machen können, was ich will.

Ich bin müde und erschöpft, wenn ich von der Arbeit komme, Herr L. dagegen wird immer munterer. Soll er sich doch eine Jüngere suchen!

Ich habe zwar ein gutes Herz, aber sonst bin ich lahm!

29. Oktober

Es geht mir gut. Oder geht es mir schon so lange schlecht, daß ich mich daran gewöhnt habe?

Ich sehe erbärmlich aus. Abgehetzt und müde. Das Martin-Problem ist erträglich geworden.

Herr Loschewski ist zwar nicht meine Wellenlänge, aber zuverlässig, intelligent, musikalisch. Ich habe ihm eine Debussy-Platte gekauft.

Soll ich allein bleiben? Nein. Vielleicht bin ich in zehn Jahren soweit. Dann ist Sabine siebzehn, Annett vierundzwanzig.

Mal sehen.

November 1981

Ich habe wieder alle drei Kinder zum Betriebsausflug nach A. mitgenommen. Ich habe mich gut gehalten. Ich habe alles mitgemacht.

Auf alle Fälle war ich anders, als ich gewesen wäre, wenn ich noch trinken würde. Und das ist wichtig! Ich bin früh schlafen gegangen.

Ich gehöre eben in die Gruppe der Älteren! Nur wenn ich ausreichend schlafe, ist der Zucker zu ertragen.

Ja, wie nun weiter? Arbeiten und Fahrschule. Auf Martins Empfehlung habe ich mich 1978 zur Fahrschule angemeldet. Jetzt bin in an der Reihe.

20. November

Leicht erkältet. Draußen Sturm. Fahrschule angefangen.
Viel Lob für meine letzte Informationsarbeit.

Aber die Gruppenstunde ist gegen den Baum gegangen.
Warum nur? Irgendeine Verschiebung hat stattgefunden.
Herr M. war reizend zu mir, Herr H. beleidigend. Und er
hatte mich doch angerufen, als ich so durchhing! Es ist, als
ob sie mir etwas übelnähmen. Was weiß ich. Sie werden in
meiner Abwesenheit über mich gequatscht haben.

Dezember 1981

Die Fahrschultheorie habe ich geschafft. Für meine jüngste
Arbeit bekomme ich eine Prämie. Ist das nun Folge der Abstinenz oder Zufall? Sicher beides. Vielleicht ist mein Ge-
hirn nach fünfzehn Monaten Abstinenz wieder aufnahme-
fähiger. Der Gedanke, daß vielleicht an allem der Alkohol
schuld war, ist schrecklich.

Mal überlegen: Mein vierjähriges Slawistikstudium habe
ich 1968 mit „gut" abgeschlossen. Trotz der Heirat und der
Geburt meiner Tochter Annett. 1973 habe ich Elke, einer
Bekannten, die Russischbelegarbeit für das Medizinstu-
dium übersetzt. Während ich mit Sabine schwanger war,
habe ich nicht getrunken, und der Alkohol hat mir nicht gefehlt. Aber nachdem sie geboren war, habe ich wieder „eingesetzt". Fernsehen und Bier und Wein, ganz selbstverständlich. Nach der Scheidung 1975 habe ich viel getrunken. Der Alkohol hatte mehr zu ersetzen. In der ersten Zeit
mit Martin habe ich sehr wenig getrunken und abends regelmäßig Honorarübersetzungen gemacht. Aber der Alko-
holkonsum steigerte sich dann, als die erste Begeisterung
für Martin vorbei war.

Wieder anzufangen wäre der Untergang. Es gibt kein Zurück.
Eigentlich ist es schrecklich, wenn man keine andere Wahl hat. Ich
muß alle Bedingungen so gestalten, daß die Abstinenz erträglich wird.

Nie kann ich so richtig ausspannen. Andere haben's besser.

10. Dezember

Bald ist Weihnachten. Endlich mal aus dem Trott heraus-
kommen! Eigentlich könnte ich Herrn Loschewski sogar
heiraten. Vor Jahren noch hätte ich ihn mit Kußhand genommen, aber jetzt bin ich mißtrauisch – oder endlich erwachsen.

Januar 1982

Der Alltag hat mich wieder.

Was war gut zu Weihnachten? Kein Rückfall. Ich konnte
wegen Sabines Krankheit ab 16. Dezember mit der Arbeit
Schluß machen. Herr Loschewski hat Weihnachtsbäume besorgt. Die Geschenkpakete an die Verwandtschaft wurden
rechtzeitig abgeschickt. Die Bescherung hat geklappt. Die
Pute ist gelungen. Unser gemeinsamer Ausflug zum zuge-
frorenen Liepnitzsee war Spitze. Ein märchenhaftes Bild.
Alles vereist, verschneit, und darauf schien die Sonne. Ich
bin ruhig geblieben, als das Auto wieder mal kaputtging.
Die Fahrstunde auf dem Übungsplatz bei minus zwanzig
Grad habe ich überstanden, auch wenn ich ein paarmal in
den Schneewehen gelandet bin.

Was war schlecht zu Weihnachten? Ich war zu abgearbei-
tet vor Weihnachten. Die Kinder haben sich ständig ge-
zankt. Ich war nicht locker, sondern verkrampft. Ich habe
zuviel genörgelt und geschimpft und die Kinder zuviel
fernsehen lassen. Herr Loschewski hat uns über Weihnachten seinen Apparat geborgt. Die Sache mit Herrn Loschewski sehe ich im Moment ganz positiv. Ich gebe mir Mühe
mit ihm.

Wer länger allein gelebt hat, ist für die Gemeinschaft
„versaut", glaube ich. Solange ich es nicht als angenehm
empfinde, ziehe ich nicht mit ihm zusammen.

Aufgaben für 1982: Fahrschule, Jugendweihe, Arbeit, Urlaub.

Vor allem nicht hektisch werden. Es ist alles zu schaffen,
wenn ich in jeder Beziehung kontinuierlicher werde. Ich

muß ein gesundes Mittelmaß anstreben, bei dem ich mich langsam weiterentwickele, aber nicht überschlage. Rückfallgefahren müssen ausgeräumt werden.

19. Januar

Ein ganz seltsames Gefühl, jetzt um zweiundzwanzig Uhr dreißig: zufrieden, warm und keine Lust, ins Bett zu gehen. Ich habe die Zeit „verlesen". Ebenso wie damals, als ich während des Studiums zur Untermiete wohnte und jeden Sonnabend bis spät in die Nacht hinein las.

Allein und nüchtern.

Einfach fehlende Mißempfindung.

Und meine Seele spannte weit ihre Flügel aus, flog durch die stillen Lande, als flöge sie nach Haus.

Die Lage ist nicht hoffnungslos, aber ernst. Mein Geld ist knapp, reicht aber, wenn nichts dazwischenkommt, bis zum Zahltag im Februar. Sabine ist erkältet, morgen früh muß ich bei ihr Fieber messen. Ich habe Kopfschmerzen. Im Januar habe ich wegen der Fahrschule und allgemeiner Unlust wenig geschafft. Auf alle Fälle muß ich morgen zur Fahrschule und ruhig bleiben. Spurtreu fahren, nach hinten sehen, blinken, runterschalten vor der Kreuzung, langsam an die Kreuzung ranfahren, gefühlvoll bremsen, gefühlvoll kuppeln, nach rechts sehen bei gleichrangigen Straßen.

28. Januar

Ein Glück, daß ich heute zu Hause arbeiten kann. Meine Energie reicht gerade man so.

Ich habe mich, nachdem die Kinder aus dem Haus waren, wieder ins Bett gelegt und bis halb zehn geschlafen. Gestern war's zuviel: Arbeit, steckengebliebene U-Bahn, Fahrschule, Gruppenstunde.

Das Kuppeln war diesmal besser, aber ich habe zuwenig

auf den Straßenverkehr geachtet. *Vor* der Kurve runterschalten! *Nach* dem Kuppeln Gas geben!

Mit der Arbeit liege ich nun wieder im Rennen.

Die Fahrstunde gestern war besser, aber ich habe noch
nicht alles im Griff. Ich trete beim Anhalten die Kupplung
nicht richtig durch.

Der Fahrlehrer ist nett. Hoffentlich bleibt er so. Jedenfalls geht's besser, wenn er freundlich ist.

Februar 1982

Schon wieder ist eine Woche rum. Ich habe alle Januarter-
mine geschafft. Gestern war ich völlig fertig. Ich muß
meine Kräfte einteilen. Ich brauche meine Nerven zum Au-
tofahren.

Bloß, diese Honorarübersetzung muß sein wegen des
Geldes, Mittwochsrunde muß sein, Sport muß sein. Ich
habe mich einer Frauengymnastikgruppe angeschlossen.
Jeden Donnerstag von zwanzig bis einundzwanzig Uhr
dreißig in der Turnhalle einer POS. *Mit der Abstinenz steht
und fällt alles.* Ich muß mich körperlich und seelisch fit
halten. Und ein Kraftmensch bin ich nun mal nicht. Be-
währungsangst überwinden, alles rankommen lassen und
das Fahren schön finden!

Ich muß die Kurven besser fahren, Spurwechsel muß
schneller gehen, Vorfahrt beachten. Auch aus der Einbahnstraße kann jemand kommen, Einbahnstraße parkt nur
rechts. Anfang März ist die Prüfung.

Hauptsache – gesund bleiben.

13. Februar

Ich bin niedergeschlagen und träume jede Nacht vom Alkohol. Nach anderthalb Jahren Abstinenz! Vielleicht ist der
Streß schuld.

Das Verhältnis zu Herrn Loschewski gefällt mir nicht. Ich fange an zu überlegen, ob unser Zusammenleben nicht doch ein fauler Kompromiß ist. Denn ich liebe ihn nicht. Es ist ganz gut, daß ab und zu einer mit mir schläft. Aber sonst?

Die Fahrschule möchte ich bald abschließen. Gut und überlegt fahren, rauf- und runterschalten, bremsen, blinken, Kupplung richtig durchtreten. Morgen Wäsche, aufräumen, Schlafzimmer saubermachen, Kohlen holen, kochen, schlafen, spazierengehen. Bloß keine Hektik!

Mit dem Geld sieht's schlecht aus. Ich muß am Wochenende wieder übersetzen: für siebzig Mark als Ziel. Ein Glück, daß ich diesen Auftrag von der Künstler-Agentur bekommen habe: Material für das DDR-Gastspiel einer sowjetischen Balletttruppe. Wenn mir die Kommunale Wohnungsverwaltung die Kosten für den Gasheizkörper zurückerstatten würde, wäre ich aller Sorgen los und ledig. Aber ich kann mich nicht darauf verlassen.

18. Februar

Keine Regung, keine Lust, irgend etwas anzufangen. Morgen Fahrstunde. *Vor* der Kurve runterschalten! Mir droht alles über den Kopf zu wachsen. Später fahre ich dann doch nicht Auto, und die sechshundert Mark sind futsch.

Und überhaupt habe ich mal wieder das Gefühl, daß das Leben nicht besser wird. Ich könnte es aber noch verschlimmern, wenn ich wieder anfinge zu trinken. Das ist mir klar. Die ganze Klugscheißerei bei der Gruppenstunde kotzt mich an. Ich würde mich freilich nur verschlechtern, wenn ich trinken würde: Autoritätsverlust bei den Kindern, nachlassende Leistung im Betrieb, schlechteres Aussehen, Galle-, Leber- und Magenschäden, Migräne und Zerstreutheit wären der Preis für Alkohol„genuß".

Ich muß die Prioritäten umsetzen, sonst komme ich aus der Unordnung nie heraus. Alle Zimmer müssen ordentlich sein: Küche, Bad, Wohnzimmer, Kinderzimmer, Schlafzimmer. Das ist eine Sisyphusarbeit, aber es muß möglich sein. Jetzt ist März. Ich muß anfangen, die Fenster zu putzen.

Ich bin sauer. Nicht körperlich, sondern seelisch erschöpft. Unlustig, gereizt. Alle gehen mir auf die Nerven, am meisten habe ich mich selbst satt. Aus diesem Zustand kann mir auch kein Therapeut und keine Gruppe heraushelfen.

Sie sagen alle, daß ich keinen Grund hätte, sauer zu sein. Eigentlich haben sie recht. Wenn ich meine, mein Leben wäre leer, so müßte ich doch wenigstens *versuchen,* ihm einen Sinn zu geben.

Aber ich habe dazu keine Lust. Ich komme mir irgendwie seelisch verkrüppelt vor. Vielleicht bin ich nicht verkrüppelter als viele andere, bloß ich merke es und leide darunter.

Ich möchte nicht mehr als behandlungsbedürftiger Fall gelten. Doch dann müßte ich mich anders benehmen und nicht jammern. Wenn ich jammere, bin ich ein Behandlungsfall. Ich rede an den Leuten vorbei, die Leute reden an mir vorbei. Ich rede Blödsinn, sie reden Blödsinn. Was hat denn überhaupt noch Sinn?

Wenn ich jemand liebe, werde ich von ihm abhängig und unglücklich. Daß ich alt geworden bin, merke ich erst, seitdem ich mich von Martin getrennt habe, also seit der Abstinenz. Vorher war's Illusion. Schon jahrelang.

Nun mach was draus! Ergib dich in dein Schicksal. Für Martin bist du viel zu alt und vernünftig. Es kommt nichts mehr, es sei denn, du baust deine Loschewski-Beziehung schön aus. Alles andere ist sinnlos.

Menschen, die mir ähnlich sind, finde ich zwar gut, aber sie reißen mich wieder rein, weil sie nicht meine Anpassung an das ganz normale, ordentliche Leben fördern. Ich suche immer noch nach etwas ganz Besonderem. Doch das gibt's nicht, es sei denn, ich steigere mich in etwas hinein. Wer sollte mich lieben? Dann müßte ich liebenswert sein und nicht so, wie ich bin.

Wenn ich bloß erst die Fahrprüfung hinter mir hätte! Wollen wir mal lieber bis Mitte April rechnen. Jede Woche ein- bis zweimal gut fahren, das festigt die Fahrfertigkeit und Reaktionsgeschwindigkeit.

Ich finde das Fahren schön. Schon wieder viel zu schön. Rausch, Erhebung. Ich muß die Fahrschule zu Ende bringen. Wer weiß, wozu es gut ist. Und im übrigen muß ich mich weniger aufspielen, mehr wirklich tun.

7. März

Morgen ist die vorletzte Fahrschule. Ich muß gut, auf Sicherheit fahren. Wenn ich aus der Nebenstraße komme, muß das Auto auf der Hauptstraße mindestens fünfundsiebzig Meter, das heißt drei Straßenlaternen, entfernt sein, wenn ich die Hauptstraße noch überqueren will. Sonst anhalten! Auf die Straßenbahn von hinten achten! Kondition ist alles. Besonnen fahren!

Die Hauptsache ist die Abstinenz. Die Fahrprüfung ist zweitrangig. Die Abstinenz ist die Grundlage für alles.

8. März

Hoffentlich bewahrheitet sich der Spruch, daß, wenn die Generalprobe schiefgeht, die Premiere klappt.

Heute bin ich saumäßig gefahren. Ich darf nicht einfach nachmachen, was der Vordermann macht. Ich muß erst wieder sehen, ob ein Fahrzeug kommt. Ich darf nicht auf den Straßenbahnschienen fahren.

Es hängt alles von der Kondition ab. Wie kann ich die verbessern?

Ich bin doch schon gut gefahren. Wenn ich durchfalle, nehme ich eben noch bis Ostern Fahrstunden. Ich kann, im Grunde genommen, gut, zügig und verkehrsgerecht fahren. –

In meiner Aufregung habe ich in der Beratungsstelle angerufen. Frau Salzburg, die neue Therapeutin, war am Apparat. Ich fahre in meiner ruhigen, besonnenen Art, das soll ich immer denken, wenn ich nervös werde.

Na ja, wenn nicht, kann ich die Prüfung in vier Wochen wiederholen. Das ist doch kein Beinbruch, schlimmer wär's, wenn ich am Baum landete, *noch schlimmer wäre ein Rückfall.*

10. März

Ich bin traurig, weil die Fahrschule vorbei ist, weil ich den Fahrlehrer mochte. Das habe ich kommen sehen. Es ist natürlich für mich gut, daß ich die Prüfung auf Anhieb bestanden habe. Mit dieser Leistung im Rücken kann ich mich besser zum Alkoholismus bekennen. Zwar alkoholkrank, aber oho!

Doch jetzt fehlt mir der Fahrlehrer. Er hat mir die Angst vor dem Fahren genommen. „Na, dann woll'n wir mal", sagte er stets, wenn ich mit Herzklopfen hinterm Lenkrad saß. „Grüner wird's nicht", wenn die Ampel auf Grün schaltete und ich loszufahren vergaß. Und als ich einmal auf den Bürgersteig fuhr, weil ich die Kurve nicht kriegte, hat er nur erschrocken geguckt, aber nicht geschimpft.

Bis zum Wochenende mache ich nichts Besonderes mehr. Ab Montag geht's los mit Stoßrichtung auf die Jugendweihe von Annett.

Ich hatte Herzschmerzen. Ist kein Wunder, wenn die Spannung nachläßt. Mir ist, als hätte ich alles nur geträumt, als hätte mir jemand die Fahrerlaubnis geschenkt. Dann wäre der Fahrlehrer auch nur ein Traum gewesen. Also gar nicht vorhanden.

Das kommt bei mir öfter vor: Da reicht ein Satz, und ich bin fasziniert, obwohl der Mann an sich gar nicht zu mir paßt. Ich mag eben das Gefühl des Verliebtseins, weil's auch eine Art Rausch ist. Aber dann . . .

Nimm die ganze Sache als Bereicherung deines Gefühlslebens, denn wo überhaupt kein Gefühl mehr ist, kann nichts weh tun. Wie beim Muskelkater: Wo keine Muskeln sind, kann sich kein Muskelkater herausbilden.

April 1982

Sabine war krank. Die Woche zu Hause war Gold wert. Ich habe in die Wohnung ein bißchen Grund reingebracht, Termine beim Frauenarzt, Zahnarzt, Augenarzt und Friseur bestellt, Konserven und Getränke für die Jugendweihe gekauft.

Vor allem, ich habe endlich eine Beschwerde über Meiers aus der Nachbarwohnung an die KWV geschickt. Die lärmen pausenlos, und wenn ich bei ihnen klingele und mich beschwere, kommen sie mir nur frech. Ich solle ins Altersheim gehen, hat Frau Meier zu mir gesagt. Mag sich die KWV mit ihnen auseinandersetzen. Momentan ist's allerdings ruhig, weil keiner zu Hause ist.

Ich werde die Jugendweihe in meiner „ruhigen und besonnenen Art" friedlich über die Bühne bekommen. Keine Hektik. Es kommen *nur* zehn Mann Logierbesuch.

12. April

Ich hänge durch. Heute war ich drauf und dran, Martin anzurufen und mich zu beklagen, daß ich mich, obwohl ich nicht allein bin, allein fühle. Als er noch da war, fühlte ich mich genauso allein gelassen und habe mich dann bei anderen beschwert.

Immer bei *anderen* ausheulen – so ein Quatsch!

Und wenn Herr Loschewski die Kinder als Belastung empfindet, ist er eben alt und nicht flexibel.

Morgen Haushaltsgroßkampftag!

Ich müßte mal wieder was Schönes machen, bloß was?

Warum habe ich eine so miese Laune? Wohl vor allem wegen der Jugendweihe, die mit Abstinenzforderung vor mir steht. Wenn ich rückfällig werde nach einem Jahr und acht Monaten Abstinenz, wie will ich mich dann bei Frau Dr. Schneider rausreden?

Wenn die Jugendweihe erst vorüber wäre!

Wie kriege ich die Abstinenzforderung durch? Ich müßte üben. Ich könnte eine Flasche aufmachen und hinstellen als Übung. Aber dann wäre wohl der Rückfall nicht mehr weit. Ich sollte von jetzt bis zu unserem Besuch in den Maiferien bei der Oma im Altersheim in W. eine Brücke spannen: Wenn ich jetzt anfange zu trinken, kann ich nicht nach W. fahren, denn sonst brauchte ich abends ein oder mehrere Fläschchen. Da wir direkt im Altersheim ein Fremdenzimmer bewohnen werden, bekäme ich ein „Leergutproblem im Altersheim": Wie kriege ich die leeren Flaschen unauffällig aus dem Haus? Eine leere Schnaps- oder Bierflasche fiele auf, weil dort nur alte Damen wohnen. Ohne Abstinenz keine Fahrt nach W.!

Ich habe *Die graue Maus* von Wil Lipatow gelesen, eine Alkoholikergeschichte. Der Mann scheint Erfahrung zu haben. Das Zwanghafte kommt durch. Das Zwanghafte ist ja das Schlimme: daß man noch mal losgeht, um was zu besorgen, daß man ungeduldig darauf wartet, daß der Besuch endlich geht, damit man unbehelligt trinken kann.

26. April

Der Sonntag ist ziemlich danebengegangen. Warum? Ich habe keine Aufgaben verteilt und war dann enttäuscht, daß keiner etwas für das Mittagessen vorbereitet hatte. Ich hatte Sabine zum Wettkampf in die Schwimmhalle begleitet. Dort war es furchtbar heiß, und ich konnte nicht ins Wasser, weil ich die Regel hatte. Ausgerechnet fing dann ein anderes „begleitendes Elternteil" an, von einem Kasten Bier lauthals zu schwärmen. Am liebsten wäre ich auf dem Rückweg von der Schwimmhalle nach Hause in der Kneipe neben der Schwimmhalle eingekehrt. In meiner Enttäuschung sagte ich gereizt zu Annett und Herrn Loschewski:

„Ich hätte ja auch in die Kneipe gehen können." Und Herr Loschewski hat nicht Einspruch erhoben, als Annett sagte, daß sie mir dann eine geknallt hätte.

Am späten Nachmittag habe ich mich mit Annett darüber unterhalten und sie beruhigt, daß ich das sowieso nicht tun würde. Aber ihr Ton mir gegenüber gefällt mir nicht. Ob alle Nichtsüchtigen so trocken wie Herr Loschewski sind?

Die ganze Geschichte krankt daran, daß wir eine Nutzungsgemeinschaft sind und keine Liebe vorhanden ist. Ich kann ihn nicht lieben. Man kann gut mit ihm schlafen, aber lieben kann man ihn nicht. Ich nicht. Ich habe ihn heute mit seinen eigenen Argumenten (wenn nichts mehr *ist*, kann ich ja auch zu Hause schlafen, da ist es wärmer, und ich störe früh keinen) nach Hause geschickt, weil ich in Ruhe schlafen wollte.

Ich muß *meine* Bedingungen stellen, das freundliche Nachhauseschicken war schon ein Fortschritt für mich. Ich habe also acht Stunden geschlafen, so wie ich es brauche, um arbeiten zu können.

Mai 1982

Die Jugendweihe haben wir überstanden.

Erstens kommt es anders, zweitens als man denkt: Mein Vater trinkt nicht mehr. Saß in meinem Wohnzimmer, schaute mich an und sagte: „Ich trinke seit Weihnachten nicht mehr."

Meine Mutter bestätigte es.

Er sah völlig verändert aus. Das Ungesunde, Aufgeschwemmte ist verschwunden. Das Haar ist fast völlig weiß geworden. Die Augen sind wieder lebendig.

Ach, Vati, lieber Vati, halte durch! Was hättest du dir ersparen können . . .

Na ja, was soll's. Im Himmel, wenn's einen gibt, wird ohnehin mehr Freude sein über einen Sünder, der Buße tut, als über neunundneunzig Gerechte, die keine Buße nötig haben . . . –

Ich bin unzufrieden und nervös. Ich kann mich mit mir nicht anfreunden.

Je eher man mit dem Trinken anfängt, desto schwerer ist es nachher, sich wieder zurechtzufinden, sagte Frau Dr. Schneider Anfang 1981. Was klage ich denn? Ich habe doch eine überschaubare Arbeit. Ich bin doch den Anforderungen gewachsen. Natürlich. Und je besser ich mich fachlich qualifiziere, desto leichter wird mir die Arbeit fallen. Ich muß nun einmal Geld verdienen. Das Echo der Forschungsabteilungen auf meine Informationsarbeit ist doch recht erfreulich. Aber mir fällt auf, daß ich nur schlecht frei sprechen kann. Ich stottere oft. Öfter als früher? Intelligente Leute stottern oft. Aber ich sollte wirklich ruhig bleiben. Nichts dürfte mir so nahegehen. Aber das kann einer, dem es nicht so geht, nicht begreifen.

Damit es nicht so tief ging, habe ich getrunken.

Dämpfende Medikamente wären angebracht. Aber sie deformieren die Persönlichkeit. Und bei meiner Suchtneigung würden sie bloß den Alkohol ersetzen, und nichts wäre gewonnen. Ich müßte mehr autogenes Training machen. Mehr schlafen. Eigentlich dürfte ich doch jetzt malen. Wenn's mich entspannt, erst recht.

Irgendwie komme ich mit der Liebesfähigkeit nicht klar. Sex ja, aber lieben? Rausch, Verliebtheit, möchte ich, aber lieben . . . Kann ich überhaupt jemand lieben? Bin ich überhaupt fähig dazu?

15. Mai

Ich glaube, meine Beziehung zu Herrn Loschewski hat schon seit dem Autounfall-Wochenende im vergangenen September einen Knacks. Und heute gab es wieder Ärger. Ich kann keinen Mann lieben, der Wespen mit der brennenden Zigarette totmacht und Vogelnester beseitigt.

Im Urlaub haben wir zusammen mit der Oma die Vögel im Wald beobachtet und belauscht, und heute in seinem Garten das. Aber das war's nicht allein. Er hat sich wieder beschwert, daß ihm das, was nach den Kindern und dem

Haushalt von mir für ihn noch übrigbleibt, zuwenig ist. Wenn er merken würde, daß ich ihn liebe, wäre er vielleicht netter zu den Kindern, glaube ich. Aber so findet er eben die Kinder ungezogen und hält sie für ein Verlustgeschäft. Soll er sich eine Frau ohne Kinder nehmen!

Er wolle nicht noch mehr Pflichten auf sich nehmen, sagt er, davon hätte er schon genug. Er will von *mir* mehr, und von mir kommt nicht mehr. Ich liebe ihn nicht. Sollen wir das Theater fortsetzen? Nüchtern ist's schwer zu ertragen. Wenn ich noch trinken würde, hätten wir uns bei einer Flasche Wein „versöhnt", hätten miteinander geschlafen, und er wäre wieder zufrieden gewesen.

Aber ich trinke nicht mehr. Und mir graute es schon vor der Nacht und dem unausgeschlafenen nächsten Tag. Ich kann mir nicht eine Gardinenpredigt anhören und dann pflichtgemäß mit ihm ins Bett gehen. Deshalb bin ich kurzerhand mit den Kindern nach Hause gefahren und habe ihn in seinem Garten allein gelassen. Und nun sitze ich hier herum.

Ich weiß nicht, was ich machen soll.

Mir fehlt das Nette, Umgängliche, Harmonische. Die Zwischentöne fehlen. Ich höre mir Herrn Loschewskis Vorwürfe an, bis mir der Kragen platzt. Und dann ist's aus. Ich hätte sagen müssen, daß er mich im Moment körperlich mehr abstößt als anzieht, weil ich ihn nicht liebe, und daß ich es unter den gegebenen Umständen für besser halte, er bekommt eine, die ihn liebt.

Ich muß den Kindern mehr Aufträge geben, ruhiger und lieber zu ihnen sein. Wahrscheinlich übertreiben sie ihre Wehwehchen nur deshalb, damit ich mich mehr um sie kümmere! Vielleicht versuchen sie deshalb, mich als Laufburschen zu benutzen, weil sie sich zuwenig geliebt fühlen.

Morgen kommt Herr Loschewski. Da können wir uns in Ruhe unterhalten. Ich glaube, bei ihm „hapert's auch im sozialen Bereich". Nicht nur bei mir, wie Frau Dr. Schneider behauptet.

17. Mai

Herr Loschewski kam gestern braungebrannt mit drei Tulpen aus dem Garten. Er brachte unsere Sachen, aß etwas und ging dann wieder. Ich habe ihn später angerufen, und er sagte: „Du brauchst nicht begeistert von mir zu sein, aber in deiner Wohnung fühle ich mich nicht wohl, weil sie vollkommen von den Kindern eingenommen wird. Man braucht als Erwachsener einen Platz in der Wohnung, wo man sich ungestört aufhalten kann."

So ist das also. Jetzt habe ich wieder ein schlechtes Gewissen, weil ich die Kinder nicht richtig erzogen habe. Ich müßte mich mal mit Frau Dr. Schneider darüber unterhalten, wie ich die Kinder besser lenken kann, ohne *noch* größere Fehler zu machen.

Bis zu den Ferien muß ich die Kinder konsequenter erziehen und disziplinieren. Zuwendung, Forderungen, Kontrolle.

Ich bin nicht froh und habe Kopfschmerzen. Die Kinder sind o. k. und reagieren auf Strenge noch gut.

Am Mittwochabend habe ich Herrn Loschewski wieder angerufen, nachdem in der Diskussion bei der Mittwochsrunde herausgekommen war, daß ich auch zu ihm hätte freundlicher sein müssen. All seine Gemeinheiten seien nur eine Reaktion auf die Zurücksetzung gewesen. Und warum ich ihn immer mit „Herr Loschewski" anredete? Das sei doch nicht normal, wenn man bereits über ein Jahr zusammen lebe.

Stimmt ja. Aber sein Vorname kommt mir so schwer über die Lippen.

Juni 1982

Ein Abend für mich. Vielleicht kann ich mir was von der Seele schreiben. Nach Jochen Loschewski habe ich mich doch gesehnt. Die Vorstellung, ihn nicht mehr anrufen zu können, war nicht schön. Daher haben wir uns wieder vertragen und ein paarmal miteinander geschlafen und geredet. Das Wochenende war gut. Wir versuchen's mit Anpassung. Jetzt verfalle ich wieder ins andere Extrem, indem ich mit ihm zusammenziehen, das heißt die eigene Wohnung aufgeben möchte. Die Konsequenzen aus einem Umzug bestünden darin, daß Sabine und Annett eventuell die Schule wechseln müßten und Sabine vom Schwimmtraining wegmüßte.

Ich kann doch die Wohnung mal durch den Wohnungstauschcomputer jagen lassen, um zu sehen, wie hoch sie im Kurs steht. Na ja, warum nicht, einfach mal sehen. Die Wohnung müßte näher an Jochens Garten liegen und eine bessere Heizung als diese haben, damit sie ihm gefallen könnte. Denn er hat in seiner Wohnung Zentralheizung.

14. Juni

Mein Geburtstag ist vorbei. Siebenunddreißig ist doch kein Alter. Aber irgendwie geht's mir nicht gut. Nett, daß Herr H. aus der Gruppe angerufen hat.

Ich möchte mich irgendwohin verkriechen, alles stört mich. Jeder Laut stört mich. Was soll ich bloß machen?

Manchmal habe ich Angst, daß ich es nicht mehr schaffe, ein *richtiger* Mensch zu werden. Viele Menschen sind so normal. Wenn ich bei meiner Mittwochsrunde bin, ist alles o. k. Ohne Gruppe wäre ich aufgeschmissen. Aber ich merke jetzt erst, daß ich anders als andere Menschen bin.

Gut, ich schlage die Kinder nicht, gut, ich saufe nicht, ich mache auch meine Arbeit, aber sonst bin ich so menschenscheu.

Ich müßte mich für irgend etwas begeistern können! Ob die neue Wohnung mich rausreißt? Ich weiß nicht. Die Meinung von Frau J. aus der Gruppe, daß man nach der Scheidung die Wohnung wechseln sollte, ist interessant. Vielleicht hätte ich's schon längst machen sollen. Nicht den Stein der schlechten Erfahrungen mit auf dem Buckel rumtragen, sondern sich draufstellen und weitersehen!

Juli 1982

Die erste Nachurlaubswoche habe ich geschafft. In den nächsten vierzehn Tagen muß meine Informationsarbeit so gut wie fertig sein. Ich habe zuviel Material. Ich werde wieder Schwierigkeiten bekommen, das Material den einzelnen Gliederungspunkten zuzuordnen.

Der Urlaub bei Jochen im Garten war gut. Gegenseitige Achtung, manchmal war's richtig gemütlich.

August 1982

Ich weiß nicht, was ich will. Ich bin so lustlos! Vorm Jahr sah ich noch lohnende Aufgaben. Jetzt nicht mehr. Wichtig ist vor allem die Abstinenz, daß Annett ordentlich lernt, daß Sabine möglicherweise in die R-Klasse kommt, daß ich unauffällig das Jahr Betriebsparteischule und meine Arbeit schaffe.

Warum fühle ich mich in meiner Wohnung nicht wohl? Unaufgeräumt, ungemütlich, ein Sammelsurium von Sachen der Vergangenheit. Diese kleinen Verbesserungen, die ich hin und wieder vorgenommen habe, sind sinnlos!

Keiner sitzt in der Sitzecke, niemand! Unbequem, eng, und die Kissen fallen runter. Die Sessel sind schmutzig.

11. August

Ich kann nicht schlafen. Ich habe zuviel Tee, Kaffee und Cola getrunken. Ich bin unruhig, mich bedrücken verschiedene Dinge: Ich muß meine Arbeit zum Termin schaffen, Sabine ist im Ferienlager, meine Zuckeruntersuchung steht bevor, das Telefongespräch mit meiner Mutter war unbefriedigend, die Nacht ist so hell. Doch vor allem mache ich mir Sorgen um Sabine. Aber was soll passieren? Wenn sie krank wird, schicken sie sie nach Hause. Man müßte wie einst Hiob sagen können: *Der Herr hat's gegeben, der Herr hat's genommen, der Name des Herrn sei gelobt!*

Morgen möchte ich meine Materialanalyse abschließen, ich brauche mich nicht zu überschlagen. Ich will's hinter mir haben. Wenn ich die erste Fassung fertig habe, merke ich schon besser, was fehlt und wo ich streichen kann.

23. August

Ich habe heute früh auf dem Weg zur Arbeit Martin getroffen. Er roch nach Restalkohol. Hat also gestern zuviel getrunken. Das ist mir nahegegangen. So nahe, daß ich mit niemand darüber sprechen kann. Martin hat mich zuerst gedrückt.

Sauber sah er aus, älter geworden ist er auch nicht. Er würde wahrscheinlich schnell altern, wenn er nicht mehr trinken würde.

Für mich ist's besser, in Jochens Garten Erdbeeren zu pflanzen, als in Kneipen rumzusitzen. Das ist zwar nicht ganz meine Art, aber es führt nicht ins Verderben. Ganz meine Art ist's wirklich nicht.

Ich bin so lustlos.

September 1982

Ich bin aus meiner Therapiegruppe ausgetreten. Ich solle mich aber ab und zu melden. Ich muß mich mal lösen. Nach zwei Jahren Abstinenz ist es nicht zu früh, denke ich. Und was soll ich noch dort. Ich fühlte mich in letzter Zeit unbehaglich in der Beratungsstelle. Frau Salzburg, die neue Therapeutin, bedrängte mich mit Fragen, wie ich mich fühlte, was ich empfände. Ich konnte ihr den Gefallen nicht tun: Ich fühlte nichts, ich empfand nichts. Höchstens, daß sie mir auf die Nerven ging. Aber das konnte ich ihr nicht sagen. Ich kam mir einfach hilflos vor. An die Wand gedrückt. Was will sie von mir?

Ich trinke nicht, und ich mache keinen Ärger. Lieber hätte sie mir zum zweiten Jahrestag der Abstinenz gratulieren sollen. –

Ich erhoffe mir von einem Wohnungstausch eine Verbesserung meiner Gesamtlage. Mehr Geld durch eine billigere Miete und mehr Wohlbefinden. Ich müßte in einen Nachbetreuungs-Abstinenzklub eintreten. Der trifft sich nur zweimal im Monat. Nicht vergessen: *Mit dem ersten Schluck beginnt der Rückfall.*

28. September

Gestern habe ich Vati telefonisch zum Geburtstag gratuliert. Da wollte ich nun wegen Martin das Trinken lassen, und „verleite" Vati anderthalb Jahre später zur Abstinenz! Heute bin ich endlich zur KWV gegangen und – habe *keinen* Gasboiler genehmigt bekommen. *Das* hätten sie mir auch eher sagen können. Da habe ich Bescheinungen gesammelt – Schrottschein für den alten Boiler, Gutachten vom Schornsteinfeger – und nun das! Reine Schikane! Wozu gibt's denn Gasboiler? Andere kriegen auch welche.

Ich glaube, ich habe Komplexe, sonst würde ich nicht derart überreagieren! Das ist nun wirklich ein Problem am Rande. Ob nun in dem Bad ein E-Boiler, ein Gasboiler oder ein Kohlebadeofen ist, das ist doch egal und nicht lebenswichtig. Ist alles egal.

Ich stecke keinen Pfennig mehr in die Wohnung rein. Ich kann auch einfach alles schleifen lassen.

Ich glaube, ich habe eine Grippe, aber ich möchte nicht krank geschrieben zu Hause hocken.

Oktober 1982

Die Wohnungstauschangelegenheit ist erledigt. Es wäre nicht gut, wenn Annett in der 9. Klasse die Schule wechseln müßte. Jeden Tag fahren wäre auch zu anstrengend für sie. Es liegt kein zwingender Grund für den Wohnungstausch vor. Ich habe mich mit Annetts Klassenleiterin beraten. Bleibe ich also hier wohnen. An der hohen

Miete kann ich nichts ändern, wohl aber am Strom- und Gasverbrauch. Energie sparen! Mal sehen, ob eine Eingabe in bezug auf den Gasboiler doch Sinn hat. Ich versuch's!

6. Oktober

Doch krank geschrieben. Grippaler Infekt. Jetzt werde ich mich erst einmal pflegen. Sonst geht es an die Substanz.

Mir geht es immer noch schlecht.
Wenn ich nun versuchen würde, ein Buch über die letzten beiden Jahre zu schreiben? Über meine Erfahrungen mit der Abstinenz? So wie die Thoms *Rückkehr ins Leben* geschrieben haben? Schreiben geübt habe ich in den letzten beiden Jahren.
Ob mir einer helfen würde? Irgendein Schriftsteller?
Neulich habe ich einen Band Kurzgeschichten von S. gekauft. Der Ton in den Geschichten hat mir gefallen, als ich in der Buchhandlung in dem Buch geblättert und einige Seiten gelesen habe. Oder war es das Foto des Autors auf dem Schutzumschlag? So gar nicht Held. Mehr traurig, und der Schlips sitzt schief. Helden hängen mir zur Zeit zum Hals raus.

11. Oktober

Ich hab's gewagt. Ich habe am Wochenende ein paar Seiten darüber geschrieben, wie ich als Alkoholiker zur Abstinenz gekommen bin und wie es mir in den ersten beiden Abstinenzjahren ergangen ist. Das habe ich auf der Schreibmaschine sauber abgeschrieben und per Einschreiben an Herrn S. geschickt. Seine Adresse habe ich mir aus dem Telefonbuch herausgesucht. Ich habe ein Briefchen dazu geschrieben, er möge das, was ich geschickt habe, bitte mal lesen und mir mitteilen, wie er es findet. Mit freundlichem Gruß ...

Das ist etwas Neues. Eine Möglichkeit, an die ich bisher nicht gedacht habe. Es gibt drei Möglichkeiten der Reaktion auf meine vier Seiten:

a) kein Echo beziehungsweise eine glatte Ablehnung,

b) aufbauende Kritik,

c) Zustimmung beziehungsweise Lob.

Mit aufbauender Kritik wäre mir schon viel geholfen. Jetzt habe ich wieder eine aktive Phase.

Jochen Loschewski kommt heute.

Wenn ich bloß nicht solche Kopfschmerzen hätte!

12. Oktober

Ich muß mehr aus mir machen. Ich vergammle in meinen alten Sachen, mit fettigen, strähnigen Haaren. Ich müßte Sport treiben, mich hübsch anziehen, zum Friseur und zur Kosmetik gehen.

Am liebsten würde ich mich irgendwo verkriechen.

So, was willst du nun in der Nach-Krankheits-Etappe machen?

Zuerst einmal dies:

– auf Sabine besser eingehen;

– Annett lenken, damit sie lernt und nicht bummelt;

– Jochen freundlich behandeln;

– tägliches Mindestsportprogramm zu Hause, denn in der Turnhalle ist mir der Fußboden zu hart für meinen knochigen Rücken;

– für die Parteischule lernen.

Ich müßte mehr Freude an allem haben. Ich kann mich auf die Küchengasheizung, das neue Küchenfenster und die von Jochen versprochene Wohnzimmerrenovierung freuen. Darauf habe ich Jahre gewartet – und das soll jetzt alles klappen. Ich müßte mich doch freuen!

Ich sollte auf alle Fälle morgen zum Klubabend gehen, sonst habe ich mich einen Monat lang nicht aktiv um die Abstinenz bemüht. Und das ist zu lange, zu plötzlich, das geht nicht. Lieber soll's hier drunter und drüber gehen, aber ich muß hingehen. Jawohl. –

Das neue Küchenfenster ist drin, nachdem es über zwei Jahre im Schlafzimmer gestanden hat. Martin und ich hatten es bei der Baustoffversorgung gekauft.

Jochen hat sich mal wieder vernachlässigt gefühlt. Bei unserer Aussprache darüber bin ich nicht ausgeflippt. Er hätte es in letzter Zeit mit weniger Sex versucht, aber das gefiele ihm nicht, sagte er. Ich wäre eben so, erwiderte ich möglichst ruhig. Aber es ärgert mich, daß er mich als lahme Ente ansieht.

Das Fenster hat er sauber hinbekommen, muß man sagen.

Jochen ist ein lebender Widerspruch. Mit seiner ewigen Unzufriedenheit hat er mich dazu gebracht, gegen den Baum zu fahren, aber auch die Fahrschule zu machen, die Gitarre für Annett zu kaufen, den Wohnungstausch einzurühren.

Heute Abstinenzklub. Lust habe ich zwar nicht. *Aber ich gehe hin.*

29. Oktober

Gestern hatte ich einen seltsamen Erschöpfungszustand nach dem Klubabend. Ich bin gleich nach dem Nachhausekommen auf dem Sofa eingeschlafen, wie lange schon nicht mehr. Ich brauche den Klub. Auch wenn ich nichts sage. Meine innere Spannung löst sich, wenn ich sehe, andere haben's noch schwerer als ich.

November 1982

Es gibt immer wieder Spannungen zwischen mir, Jochen und Annett. Mit jedem einzeln komme ich leidlich aus. Aber wenn wir zu dritt sind, geht's schief. Das Leben besteht aus lauter kleinen Widerwärtigkeiten. Im Herbst nehmen die Widerwärtigkeiten zu. Dabei könnte ich mich so freuen über die Gasheizung, das Küchenfenster, daß Sabine in die R-Klasse gehen kann, daß ich eine Waschmaschine besitze, schöne Möbel von Oma geerbt habe, als sie ins Altersheim ging, daß Meiers nicht mehr so lärmen wie voriges Jahr, daß ich monatlich etwa siebzig Mark für *Getränke* spare . . .

Laß dich von den Widerwärtigkeiten nicht kleinkriegen. Andere kochen auch nur mit Wasser.

Annett muß merken, daß ich enttäuscht von ihr bin. Ich muß aufpassen, daß sie nicht zu frech und vorlaut wird. Hoffentlich wird Sabine nicht genauso, hoffentlich! Um Sabine mußte ich mich von Anfang an mehr kümmern, weil sie als Kleinkind ständig krank war. Annett ist doch noch ein Kind. Ich darf mir das alles nicht so zu Herzen nehmen, auch Jochens Sticheleien wegen schlecht erzogener Kinder nicht. Ob seine Töchter immer artig waren?

Geht schon alles seinen Gang. *Darum sorget nicht für den anderen Morgen . . . Es ist genug, daß ein jeglicher Tag seine eigene Plage habe,* heißt es in der Bibel.

Mal sehen, ob's mit einem Wochenarbeitsplan für die Kinder klappt, damit sie ihre kleinen Pflichten regelmäßig erfüllen.

Ich muß Annett falsch erzogen haben, da sie nur noch Forderungen stellt. Jetzt stelle ich mal die Forderungen. Ich bin wohl ein schlechter Erzieher. Annett hat immer alles bekommen, was sie wollte, besonders in den letzten zwei Jahren. So geht es nicht weiter. Wenn sie ihre Pflichten erfüllt, bekommt sie auch mehr Freiheiten.

6. November

Ich habe Martin mit seiner Freundin im Kino getroffen. Er will mich anrufen. Ich hätte ihn nicht ansprechen dürfen, aber das habe ich nicht übers Herz gebracht. Er sah nicht schlecht, aber ungepflegt aus. Er trug neue Schuhe. Warum soll man nicht mal wieder zusammen schwatzen.

Zum Trinken verleitet er mich nicht. Keine Angst. Wenn er vielleicht so wie mein Vater einsähe, daß es auch ohne Alkohol geht?

Annett hat schon wieder Sonderwünsche. Sie möchte bei der Geburtstagsfeier ihrer Freundin unbegrenzten Ausgang. Mit fünfzehn! Bis zweiundzwanzig Uhr dreißig ist meiner Meinung das höchste der Gefühle. Aber das reicht ihr nicht. Wenn sie einen sorgenden Vater oder eine mutige Mutter hätte, würde sie per Auto abgeholt. Klar, mit einem Auto hätte man größere Möglichkeiten.

Heute muß ich mit Annett für die Physikarbeit lernen. Ich bin fürchterlich erkältet.

Vor allem ruhig bleiben, ganz ruhig bleiben, nicht aufregen. Es geht doch alles relativ gut.

Dezember 1982

Ich komme mit den Kollegen klar, weil ich mich in kein Vergleichsmuster zwingen lasse. Deshalb erwecke ich keinen Neid, der bei uns die Wurzel allen Übels, sprich Klatscherei, ist. Insofern habe ich es gut: Sie tun mir nichts. Nichts Schlechtes, nichts Gutes. Auf alle Fälle arbeite ich weitere zwei Jahre voll. Ich kann es mir rein finanziell nicht leisten, verkürzt zu arbeiten. Zur Not ginge es, aber Not habe ich satt. Und die Kinder müssen sowieso selbständig werden. Das ist das Beste, was man ihnen beibringen kann: Selbständigkeit.

Ich müßte mir klar sein, daß jetzt meine besten Jahre sind. Aktiver werde ich wohl nicht mehr.

Sabine und Annett brauchen mich nicht, sie sind lieber mit Gleichaltrigen zusammen. Ich mache mich bloß immer unbeliebt, weil ich Forderungen stelle: aufräumen, saubermachen, ins Bett gehen. Es sind keine kleinen Kinder mehr.

Schwierig wird es eventuell, wenn Sabine in die 5. Klasse kommt. Dann bin ich vierzig, Annett achtzehn, Sabine elf. Kommt Zeit, kommt Rat.

Vielleicht fehlt mir das wöchentliche Gespräch in der Beratungsstelle doch für mein seelisches Gleichgewicht. Andererseits möchte ich mich nicht reglementieren lassen.

20. Dezember

Das „Weihnachtstreffen" mit Martin hat nach dreimaliger Verschiebung stattgefunden. Eigentlich stand ich die ganze Zeit neben mir und beobachtete uns. Wir spielten ein Paar, das sich „vernünftig" getrennt hat, tolerant, ohne dem anderen etwas nachzutragen. Wir hatten uns in einer Gaststätte verabredet. Er bestellte nervös zwei Tassen *Kaffee*. Ich zog mein Geschenkpäckchen aus der Tasche und legte es auf den Tisch. Ein Buch, das ich ihm schon 1980 schenken wollte, nämlich eine antiquarische Schulgrammatik, weil er immer viel Wert auf einen korrekten Konjunktiv gelegt hatte, sowie ein Pfefferkuchenpferd für das Kind. Alles schön in Weihnachtspapier verpackt und mit einem bunten Bändchen verschnürt.

„Wie geht's denn Sabinchen?" Um die Verlegenheit zu überbrücken, sprachen wir von den Kindern. Er zeigte mir Fotos von seiner Freundin und dem Kind. Sie glichen aufs Haar denen von seiner ersten Frau mit Barbara, seiner Tochter: kurzhaarige, strahlende junge Mutter mit rundgesichtigem Säugling auf dem Schoß. Ich mimte Verständnis und Wohlwollen. Auf seine Frage nach meinen Eltern erzählte ich von meinem Vater. Martin war erfreut – aber zeigte deutliche Distanz zum Alkoholthema.

Schließlich brachen wir auf und gingen auf die kalte Straße hinaus. Wir umarmten uns beim Abschied. War das ein echtes Bedürfnis, oder war es gespielt, weil es zur Rolle gehörte?

Dann ging jeder in seiner Richtung davon.

Januar 1983

So, Weihnachten ist vorüber, Neujahr auch. Es gab keine Pannen, alles hat gereicht, nichts ist übriggeblieben.

Im Vordergrund stehen dieses Jahr Annetts Berufswahl und die allseitige Förderung von Sabine.

Morgen kommt Annett von der Oma zurück. Ich darf nicht allergisch auf sie reagieren. Lieb sein, sie ist doch noch ein Kind. Was kann *sie* dafür, daß sie mir nicht ähnlich ist.

Es muß ja alles weitergehen.

Ich muß mich mehr um die Kinder kümmern. Vielleicht findet Annett Freude am Nähen, wenn ich ihr eine alte Nähmaschine kaufe? Aber zweihundert Mark ist teuer, sehr teuer. Bloß, an meine elektrische Nähmaschine kann ich sie nicht heranlassen. Eine falsche Bewegung, und der Faden ist eingeklemmt, die Maschine blockiert. Dann muß sie in die Werkstatt. Wie kann der Handel nur solche Nähmaschinen verkaufen!

War nichts, diese Woche. Ich bin irgendwie völlig erschöpft.

Mich ärgert die Fliege an der Wand. Nichts, was ich in letzter Zeit gemacht habe, ist so gelungen, wie ich es mir vorgestellt hatte.

Am meisten beunruhigt mich zur Zeit die Klausur, die wir Ende des Monats in der Parteischule schreiben werden. Ich werde mir zu jedem Thema etwas ausarbeiten. Ich kann morgen vormittag schon anfangen. Morgens nach dem Kaffee kann ich immer am besten denken.

17. Januar

Vorgestern und gestern war ich völlig fertig durch den geballten Angriff von Annett und Sabine. Warum sind die Kinder so frech zu mir? „Bist ja doof", sagte Annett zu mir, und Sabine nickte beipflichtend. Das hat mich außer Gefecht gesetzt. Ich habe kein Stehvermögen mehr, oder ich habe noch nie welches gehabt.

Warum bin ich nur so angeschlagen? Das geht schon länger so. Mir ist immer zum Heulen zumute.

Ich müßte Annett mit Gelassenheit an die Kandare kriegen. Auf freche Antworten einfach nicht reagieren. Ich beherrsche die Mutterrolle nicht. Ich bin zu nachgiebig und inkonsequent. Mein Motto seit der Scheidung: „Überleben, egal, wie!" reicht eben nicht für die Kindererziehung aus. Annett ist so anders als ich.

18. Januar

Die Klausur habe ich geschafft. Ohne zu lernen, hätte ich den Stoff nicht aktiv beherrscht. Ich habe eine Menge Zeit darangesetzt. Das war ich mir selbst schuldig. Ich glaube, ich habe alle Fragen vollständig beantwortet. Ich brauchte die Bestätigung, daß ich noch lernfähig bin. Damit ich mich auch an andere Sachen rantraue. Die Abschlußarbeit für die Parteischule wird mich eine Menge Zeit und Arbeit kosten. Bis Ostern muß ich sie fertig haben.

Bei der letzten Zuckeruntersuchung hatte ich schlechtere Werte. Nun soll ein „Tagesprofil" gemacht werden. Denn die Kohlenhydratration an sich stimmt, sonst würde ich zu- oder abnehmen. Aber eigentlich weiß ich, woran es liegt. Ich rege mich über die geringsten Kleinigkeiten auf, und das treibt den Zuckerspiegel in die Höhe.

Februar 1983

Ich mache wieder Urlaub mit drei Kindern in A. Die Hauptsache ist, daß die Kinder und ich viel Luft schnappen und ordentlich essen. Alles andere ist Nebensache. Ein Riesenglück haben wir mit dem Wetter bisher. Das Zimmer ist auch prima. Keiner wird mich zum Saufen verleiten.

Ich weiß noch nicht so recht, was ich mit mir anfangen soll. Ich könnte allerhand machen, aber ich habe keine Lust.

Es hat sich nichts Besonderes ereignet. Abhärten – essen – frische Luft. Annett ist wieder mal unmöglich frech. Warum ist sie nicht wie ihre Schulfreundin Margit? Warum ist sie so gemein zu mir?

Noch Sonnabend, Sonntag, Montag – und ab nach Hause! Einerseits bliebe ich gern hier, andererseits werden mir die Kinder zuviel. Es ist wie immer ein bißchen blöd ohne Mann. Ein Mann verleiht „Sozialprestige".

Heute werde ich nach dem Lauftraining bestimmt besser schlafen. Hoffentlich!

16. Februar

Mit Jochen war's gut gestern. Zeitweilige Trennung verbessert die Beziehung. Wenn es nur immer so wäre! Annett war wieder aufsässig. Aber wenn ich jetzt von Jochen, dem sie es triumphierend gesagt hat, weiß, daß sie mir Widerstand entgegensetzt, weil ich ihr verboten habe, Jungs mit nach oben zu bringen, ist mir auch klar, daß all ihre Frechheiten im Urlaub darauf zurückzuführen waren. Nun kommt bald der Frühling, dann kann sie sich draußen mit ihren Freunden treffen. Und nächsten Winter ist sie sechzehn Jahre alt und vielleicht vernünftiger, vielleicht!

Annett müßte mitbekommen, daß ich sie gern habe, daß aber alles seine Grenzen hat. Wenn sie bloß nicht so aggressiv wäre! Ich bin dem nicht gewachsen.

Meine Teilnahme am Klubabend heute war nötig. Ich gerate immer in einen solchen Spannungszustand hinein. Der löst sich, wenn ich die anderen sehe, besonders die, die schon drei Jahre trocken sind, oder diejenigen, die gerade einen Rückfall hatten. Ich bin jetzt zwei Jahre und knapp sechs Monate abstinent. Ich muß unbedingt dranbleiben, wenn's auch schwerfällt!

Ich muß mit Annett zur Berufsberatung!

März 1983

Ich bin so unruhig. Vielleicht war's bloß die Konfrontation mit dem Alkohol heute bei der Frauentagsfeier. Ich habe keine richtige Arbeitshaltung. Alles unter Zwang, unlustig.

Immerhin hat Annett ihre Bewerbung abgeschickt. Das war zwar eine Rennerei, weil ich niemand kenne, aber, na ja, man hat's versucht. Das ist doch ein guter Betrieb. Außenhandel. Schreibtechnik liegt ihr bestimmt. Kein Physikunterricht mehr. Und in Deutsch ist sie gut.

Ich müßte mich freuen, daß ich die Abschlußarbeit zu einem Thema schreiben darf, das mich wirklich interessiert, nämlich *Gleichberechtigung der Frau*. Ich habe noch so viel

Zeit, daß ich den Termin gut schaffe. Ich muß mich konzentrieren, acht bis zehn Schreibmaschinenseiten, das heißt fünfzehn Seiten Handschrift.

So, jetzt habe ich den Rohbau der Abschlußarbeit fertig, noch fehlen Quellenverzeichnis und Schlußfolgerungen. August Bebels *Die Frau und der Sozialismus* habe ich wie einen Krimi gelesen. Jochen will die Arbeit am Sonntag auf der Maschine schreiben, weil er besser und schneller schreibt als ich. Dazu brauchen wir den ganzen Tag. Also muß alles bis Sonnabend schreibfertig sein.

27. März

Das war kein erholsames Wochenende, nur Arbeit, keine Freude. Mit der Arbeit reiße ich die Welt nicht ein. Sie ist eben fertig, und damit hat sich's. Morgen lese ich sie noch einmal durch, dann gebe ich sie ab. Ich fühle mich hundsmiserabel, unausgeschlafen, schlecht gelaunt. Und morgen wieder arbeiten . . .

April 1983

Vor einem Jahr war ich offenbar genauso hektisch wie jetzt. Warum? Bekommt mir der Frühling nicht? Ich habe doch gar keinen Grund, mich irgendwie aufzuregen. Aber ich suche ständig einen. Ob das nun im Betrieb oder zu Hause ist.

Der ganze Hausputz steht mir noch bevor. Hauptsache, ich werde nicht hektisch und ungerecht.

Ich möchte über Ostern ein bißchen innerlich zur Ruhe kommen und lieb zu den Kindern sein, auch wenn's schwerfällt. Ich will mich erholen. Vor allem nicht verschleißen, sondern mich erholen, entspannen. Nicht alles so verbissen sehen!

10. April

Gestern habe ich Jochens Verwandtschaft kennengelernt. Die Abstinenz belastet mich immer dann besonders, wenn es normal wäre, ein Gläschen mitzutrinken, wie eben gestern bei Jochens Geburtstagsfeier. Mit Alkohol wäre es mir viel leichter gefallen, auf die fremden Menschen einzugehen, die mich neugierig musterten. Ich fühlte mich nicht besonders wohl in meiner Haut, aber der Anfang ist gemacht. Ich brauche mich nicht zu verstecken.

Mir tut der Rücken weh, ich müßte mehr Gymnastik machen, aber ich bin faul. Mir ist den ganzen Tag so, als müßte ich gegen eine Strömung gehen.

13. April

Herr S. hat angerufen. Nach einem halben Jahr. Ich wußte nicht gleich, worum es sich handelte.

„Ach, jetzt erinnere ich mich, was ich da verbrochen habe", sagte ich verlegen.

„Nun, sind Sie immer noch dabei?" fragte er.

„Dabei? Ach so – ja – abstinent – doch – natürlich", stotterte ich.

„Und wie ist die allgemeine Stimmung?"

War's die Stimme? War's die Anteilnahme? Jedenfalls fing ich gleich von meinen Schwierigkeiten mit Annett an.

„Mit Jugendlichen dieses Alters muß man wie mit Erwachsenen reden. Das sind keine Kinder mehr", sagte er.

So? Und ich habe mich in letzter Zeit absichtlich wenig mit ihr unterhalten, damit es nicht zu Streit kam.

Herr S. fragte, ob ich Zeit zum Schreiben hätte. Ich sagte ihm, daß ich seit zweieinhalb Jahren jeden Abend Tagebuch schriebe. Ich hätte schon ein paar Hefte vollgeschrieben. Er würde die Tagebücher gern lesen. Diskretion wäre natürlich zugesichert.

Soll ich sie ihm geben?

15. April

Ich bin total überrascht. Ruft doch Herr S. gestern abend, nachdem ich ihm mittags die Tagebücher übergeben hatte, an und macht solche Vorschläge: Abschreiben lassen. Überarbeiten. An einen Verlag geben.

Ich muß mich vor übertriebener Begeisterung hüten. Es wäre echte Emanzipation, wenn ich mitmachte. Andererseits aber möchte ich mir und anderen nicht schaden. Ich habe schließlich Familie.

Wer seine Beine nicht zeigen kann, zeigt die Seele, dieser Spruch fiel mir ein. Nur, ob meine Wortfetzen jemand versteht? Die Überarbeitung würde viel Zeit kosten. Aber ich sollte es versuchen. Es könnte Menschen Mut machen. Abstinenz im Alltag ...

Lieber Herr S., so einfach, wie Sie sich das vorstellen, ist das nicht. Selbst wenn die Frau das abschreibt, würde das schon einen Monat dauern. Dann müßte ich dreihundert Seiten Korrektur lesen. Je Seite zehn Minuten = dreitausend Minuten = fünfzig Stunden. Das sind ja mehr als sechs Achtstundentage!

Schlag dir's aus dem Kopf! Es war ein Traum.

Vielleicht habe ich es auch geträumt.

Laß den S. die Lust verlieren, und dann bleibt's liegen. Wer sollte denn mein Tagebuch lesen? Ich will kein „Autor" werden. Vielleicht meldet er sich gar nicht mehr. Anfang Mai werde ich nachfragen.

Jetzt sind erst einmal der Frühjahrsputz, die Arbeit und die Parteischule aktuell!

17. April

Lieber Herr S. Sie haben wenigstens anerkannt, was die letzten Jahre für mich waren: „Über Feldherren schreibt man in Geschichtsbüchern, aber ein Kampf wie der Ihre bleibt verborgen, obwohl er viel mehr Kraft verlangt." Da genügt wieder mal ein Satz, und ich könnte den Sprecher umarmen. Und nicht nur das.

Ich fühle mich ohne meine Tagebücher so allein, und der S. sitzt vielleicht bei dem schönen Wetter in B. und denkt an gar nichts. Was ein halbes Jahr gedauert hat, kann noch länger dauern. Auch Rom wurde nicht an einem Tag erbaut. Ich kenne diesen Mann gar nicht. Sowieso Irrsinn, einem wildfremden Menschen, bloß weil er Schriftsteller ist und eine so angenehme Stimme hat, meine Tagebücher zu geben.

Aber andererseits vertraut man sich gerade fremden Menschen viel leichter an. So ungewöhnlich ist das gar nicht. Bloß, ich möchte meine Tagebücher wiederhaben. Ich fühle mich unsicher ohne sie.

Was will ich eigentlich? Erstens: Abstinenz. Zweitens: Die Kinder groß kriegen.

Bedenkzeit ist gut, aber ich hätte den S. gern mal an der Strippe. Wenn mir die Sache nur nicht so unsicher vorkäme! Kommt jetzt vielleicht das, was ich mir schon immer gewünscht habe? Ein lohnendes Ziel? Ich weiß es nicht. Und gehe erst einmal zu Bett.

20. April

Der Traum heute nacht war grausam: Ich habe getrunken und getrunken, ohne aufhören zu können.

So würde es mir gehen, wenn ich der Versuchung nachgäbe. Ich hätte mal voriges Jahr bei Frau Dr. Schneider bleiben sollen. Ich glaube, die Teilnahme am Klubabend alle vierzehn Tage reicht für mich nicht aus. Das sind alles Leute mit „Vorkenntnissen", weil sie die viermonatige stationäre Behandlung absolviert haben. Viele kennen sich von dort. Ich komme mir vor wie ein weißer Rabe. Am besten wäre es, ich ginge wieder in meine alte Gruppe zurück . . .

Ob der S. wieder anruft? Höchstens, wenn etwas schiefgeht. Es ist natürlich eine verlockende Idee, so ein Buch zu machen. Mein dummer, kleinbürgerlicher Stolz ärgert mich. Brauche ich denn den Mann, um mich selbst aufzuwerten? Offensichtlich. Ich muß ja Minderwertigkeitskomplexe haben.

Mach deine Arbeit ordentlich, kümmere dich um die Kinder, sei nett zu Herrn Loschewski und fahre Auto, damit du es nicht verlernst. *Mehr* brauchst du gar nicht zu tun.

25. April

Ich habe heute meine alte Beratungsstelle angerufen und Frau Dr. Schneider an der Strippe gehabt: Heimkehr der verlorenen Tochter.

Ich brauche einen Halt. Andere brauchen keinen. Ich brauche einen Halt, sonst kann so ein abendlicher Einkauf mit dem Korb vorbei am Spirituosenregal und mit der Aussicht auf einen freien Tag ins Auge gehen. Jochen wird kaum verstehen können, daß ich wieder regelmäßig in die Beratungsstelle gehen will.

Unsere „Eheform" ist überhaupt die einzig mögliche für mich. Ich *muß* Zeit *für mich* haben. Sonst muß ich trinken. Wenn Jochen irgendein größeres Projekt vorhätte, würde er sicher einfach zu mir sagen, daß er nun leider, leider weniger Zeit für mich hätte. Er würde doch um meinetwillen nicht auf das verzichten, was er gern machen möchte. Als Frau jedoch läßt man sich einschüchtern oder steckt von selbst zurück.

26. April

Daß ich abends immer so fertig bin! Es war ein bißchen viel heute: Hautarzt mit Sabine, einkaufen, Handwerkertermin besorgen, Annett zum Friseur schicken, KWV. Mir tut der Kopf weh. Aber ich muß doch das schaffen, wofür ich zu Hause bleiben durfte. Ich muß. Wenn ich den ganzen Tag für private Zwecke nutze, muß ich eben abends ran. Auch wenn ich k. o. bin.

S. hat eine andere Zeitrechnung als ich. Er ist ja auch freiberuflich tätig und hat keine kleinen Kinder. Aber er könnte trotzdem mal anrufen. Einfach so. Ich muß mich daran gewöhnen, daß nichts so geht, wie ich es mir denke. Annett ist anders, Sabine ist anders, Jochen ist anders, S. ist anders. Alle sind anders, als ich sie haben will. Macht *überhaupt* jemand das, was ich gern möchte? Ich kann offenbar keinen für meine Sachen begeistern. Warum also sollte ich machen, was andere von mir wollen? Ich bin immer ängstlich bemüht, das zu tun, was andere von mir wollen. Ab sofort tue ich nur noch etwas, wenn *ich* es will.

Für mich tut keiner etwas. Vielleicht ist es nicht üblich, daß man etwas füreinander tut.

27. *April*

Jochen soll sich nicht so wegen seiner Wäsche haben. Schließlich habe ich ihm seine Waschmaschine zu einem hohen Preis abgekauft. Und er hat meine. Er hat mir doch seine nicht *geschenkt!*

Wenn er nur Streit will, braucht er nicht zu kommen. Ich habe zu tun. Kommt kurz vorm Schlafengehen! Dann bin ich müde. Müde, ja. Den ganzen Tag gearbeitet.

Keiner versteht mich. Nur S. Und der läßt nichts von sich hören. Besser, er hätte sich gar nicht gemeldet. Mich in Ruhe gelassen. Mir keinen Floh ins Ohr gesetzt.

Jetzt paß mal auf: Bis zum 20. Mai machst du mit zusammengebissenen Zähnen dein Planprojekt, diesmal eine veröffentlichungsreife Analyse des gesammelten Materials. Dann darfst du wieder malen wie 1979.

Der jetzige Stand ist doch schon ganz gut.

Ich bin so initiativlos. Die ganze Energie frißt die Arbeit.

Freu dich, daß es mit Annetts Lehrstelle wahrscheinlich klappt. Du kannst nichts Unmögliches verlangen. Woher sollen Wunder kommen?

Geh zum Sport, damit dir hinterher wenigstens alle Knochen weh tun und nicht immer das Herz oder die Seele.

Jochen ist gleichgültig. Aber er will eine Frau im Bett haben. Schön war es trotzdem. Wenn er schweigt, ist's am besten.

Und wenn's dunkel ist. Ohne Mann ist's ja auch nichts. Selbst wenn dieser eine mich nicht versteht. Den tiefsten Eindruck in meinem Leben hat sowieso Martin auf mich gemacht. *Er* hätte nie mit einer brennenden Zigarette eine Wespe getötet. Einfach verbrannt. Und doch hat er mich sitzengelassen, um ruhig weitertrinken zu können.

Immer die Vergangenheit! Sieh nach vorn, denke an den Sommerurlaub mit Jochen an der Ostsee. Wann warst du zum letztenmal an der Ostsee? Vor zehn Jahren. Also freue dich darauf!

Fragt mich doch eine Kollegin heute, warum ich zu den Abstinenzlern übergegangen sei. „Weil ich mich ohne Alkohol deutlich besser fühle." So, da hat sie's. Mehr kriegt sie aus mir nicht heraus. Wozu auch?

Aber eigentlich habe ich geheuchelt. Nicht *deshalb* bin ich Abstinenzler geworden. Sondern weil mir das Wasser bis zum Hals stand. Das gebe ich vor Kollegen und Bekannten nur nicht zu. Ich möchte nicht, daß über mich geredet wird. Und es würde geredet. Vielleicht würde mir mein Betrieb sogar „mildernde Umstände" in bezug auf die Arbeit zubilligen, wenn es offiziell bekannt wäre. Ich kenne aus meiner Gruppe auch positive Beispiele. Aber ich mime weiter „stolze Einfalt, stille Größe". Angst vor dem Versagen ist auch dabei, glaube ich.

Anna hat also dichtgehalten. Ich habe seitdem nicht wieder mit ihr darüber gesprochen. Es ist mir peinlich. Und sie hat soviel Taktgefühl, nicht danach zu fragen.

Ich arbeite ordentlich, komme jeden Tag pünktlich zur Arbeit, und damit hat sich's.

Mai 1983

Ich bin zu Hause und muß meine Materialanalyse fertigstellen: verständlich, hieb- und stichfest. Ich hab's doch bisher immer geschafft, wenn ich alle Kräfte auf eine Sache konzentriert habe. Wenn die erste Fassung zerfetzt wird, mache ich eben die nächste. Die *Weisheit des Kollektivs* muß mir dann helfen. Die anderen Kollegen können wenigstens logisch denken. Sie haben auch eine bessere Kondition. Ich war gestern ganz schön k. o. Trotzdem habe ich mit Annett zusammen ein Kleid für sie genäht. Nur die Taschen mußte ich allein einnähen.

Die Betriebsfeier hätte ich mir sparen können. Ohne Alkohol ist's schwer zu ertragen. Immerhin habe ich ganz gut mit Jochen getanzt und konnte ihn als „diensthabenden Ehegatten" vorzeigen. Jochen ist sowieso das Beste, was ich noch kriegen kann. Was will ich denn? Ich muß viel geduldiger werden. Nicht immer gleich alles haben wollen.

S. meldet sich nicht. Eines Tages wird er mir die Tagebücher mit einem freundlichen Brief zurücksenden: Es geht nicht.

Ich darf nicht enttäuscht sein. Das könnte schlimm ausgehen.

Meine notwendige Aufmunterung habe ich mir gestern im „Nachtasyl" geholt. Ohne Annetts Unterstützung hätte ich es nicht geschafft. Warum die Theatervorstellungen so früh anfangen! Wahrscheinlich wollen die Schauspieler auch mal ins Bett.

Ich brauche das einfach, abends losgehen zu können und aus dem Trott auszubrechen. Irgendwohin. Irgend etwas erleben.

Heute ist Mittwoch. Fahre ich zur Beratungsstelle? Abstinenz ist das Wichtigste. Sonst kann ich gleich einpacken. Gegen solche Unruhezustände wie gestern hätten zwei bis drei Flaschen Bier bestens geholfen. Ich wäre in einem gemütlichen Zustand gewesen, hätte schlafen können. Und am nächsten Morgen . . .

Was soll man machen, wenn man nicht weggehen kann, weil man einen Mann zu Hause und/oder/kleine Kinder hat? Oder sich nicht aufraffen kann? Oder krank ist?

Keinen Alkohol im Hause haben!

Morgen muß ich mit Sabine zum Augenarzt und mit Annett zum Facharzt für Asthma. Und alles während der Arbeitszeit. Ich will versuchen, anzuregen, daß Annett eine Kur bekommt. Sie sieht so blaß aus. Die Desensibilisierung gegen Pollenasthma strengt sie an.

Ich bin immer müde, und Jochen ist immer munter. Je munterer er wird, desto müder werde ich. Das ist sicher bei mir eine Art Schutzreaktion gegen Überforderung. Wenn ich dann wenigstens kein schlechtes Gewissen ihm gegenüber hätte!

Ich bin wieder in meiner Gruppe angekommen. Als ob ich nie weg gewesen wäre. Ich muß über das Alkoholproblem sprechen können.

S. meldet sich nicht. Mitte Mai rufe ich ihn an.

Beide Arztbesuche erledigt: Für Sabine bekam ich eine Überweisung in die Charité; Annett wurde für eine Solekur vorgemerkt. Wird schon alles werden.

So, jetzt muß ich arbeiten! Heute Zweitschrift, morgen Zweitschrift überarbeiten und schreibfertig machen: „Widersprüche und Tendenzen..."

9. Mai

Gestern im Garten gearbeitet. Gutes Gefühl. Wenn jeder in seiner Ecke rumwerkelt, vertragen wir uns. Und wenn im Bett nicht geredet wird.

Annett ist in den Ferien bei den Großeltern in guter Obhut. Sabine geht in den Schulhort.

Ich soll vor der ganzen Abteilung über das Thema meiner Parteischulabschlußarbeit „Gleichberechtigung der Frau" sprechen. Da habe ich mir etwas eingebrockt! Ich kann überhaupt nicht frei sprechen.

S. hat gestern angerufen, ich könnte wie ein Luftballon fliegen. Wie der sich das vorstellt in seinem jugendlichen Leichtsinn! Noch ist keine Seite meiner Tagebuchaufzeichnungen abgeschrieben. Und wann soll ich die Überarbeitung machen? Bis zum Spätherbst, meint er, könnte das Manuskript fertig werden. Was gibt ihm die Gewißheit, daß das irgendein Verlag nimmt? Soll ich so tun, als wäre alles selbstverständlich und als freute ich mich schon jahrelang auf diese Arbeit? Ich darf mich nicht zu sehr begeistern. Es kann ja auch ein Mißerfolg werden.

S. hat mich für nächsten Montag eingeladen. Was kommt da auf mich zu? Benehme ich mich richtig? Ich kann mich ihm doch nicht an den Hals werfen. Vielleicht hat er auch eine liebe Frau, die Tee kocht. Hoffentlich. Hoffentlich? Sei mal ehrlich. –

Mit dem Buch ist es wie mit einem Kind. Man muß es wollen. Wenn man es will, nimmt man dafür auch etwas auf sich. Wenn man etwas in Bewegung gesetzt hat, muß man dafür geradestehen.

Will ich? Was wollte ich denn überhaupt schon in meinem Leben? Was wollte ich ganz ernsthaft?

Ein zweites Kind. Einen neuen Mann nach der Scheidung. Aufhören zu trinken. Wieder einen neuen Mann. Gasheizung, Gasboiler, Wohnungsrenovierung. Fahrerlaubnis. Parteischule. Am meisten aber wollte ich Sabine. Ihretwegen habe ich mich während der Schwangerschaft sechs Wochen ins Krankenhaus gelegt. Trotzdem kam sie fünf Wochen zu früh. Und sie wird mich, bis sie achtzehn ist, etwa fünfundzwanzigtausend Mark kosten. Dafür kaufen sich andere Leute ein Auto. Und was haben sie davon? Nichts. Gar nichts. Da lobe ich mir Sabine, die sagt, daß bei mir alles so *schön* spitz sei: die Nase, das Kinn . . . Also kurzum: Man muß es wollen. Dann geht es. In der gleichen Zeit, die ich in meiner ersten Ehe vorm Fernseher versessen habe, überarbeite ich die Tagebücher. Ich muß wahrscheinlich auf allerhand verzichten: Kino und Gammeln. Ob ich das aushalte? Ich weiß nicht.

15. *Mai*

Wenn S. nicht absagt, bin ich morgen bei ihm. Gebe Gott, daß er zu Hause ausgesprochen unsympathisch wirkt. Ich kann doch für ihn schwärmen, wie ich einst für Lehrer geschwärmt habe. Mit Distanz.

Ich werde morgen abend furchtbar enttäuscht nach Hause kommen. Weil er nicht in das Bild paßt, das ich mir von ihm gemacht habe.

Ich sollte lieber alle Gedanken auf Jochen richten. Denn *der* bleibt. Und er ist ordentlich, sorgt für Ordnung und Sauberkeit. Außerdem, wenn sich S. sechs Monate Zeit gelassen hat, kann sein Interesse an mir so groß nicht sein.

S. hat mich verschaukelt. Ich bin sauer auf ihn. Seine Tochter empfing mich. Er habe anderes zu tun. Ich habe versucht, meine Enttäuschung zu verbergen. Ob es mir gelungen ist, weiß ich nicht. Keine angenehme Situation für mich. Was denkt sie von mir?

Sie wirkte sehr sicher ... Sie hat das Tagebuch gelesen und ist auch der Meinung, daß es für viele Menschen nützlich sei, wenn es als Buch erschiene. Sie meinte, sie habe aus den Tagebüchern den Eindruck gewonnen, daß ich meine Kinder nicht richtig behandele. Behandele ich die Kinder schlecht? Ich habe ja immer nur in belastenden Situationen geschrieben. Wenn alles lief, habe ich nichts ins Tagebuch geschrieben. Sie meint, ich ahnte gar nicht, worüber sich Jugendliche in Annetts Alter schon Gedanken machen. Ich muß mit Annett sprechen, sie fragen, ob sie sich schlecht behandelt fühlt.

Über Pfingsten werden wir im Garten sein. Ruhe bewahren. Ich *darf* gut kochen. Ich *darf* draußen schlafen. Ich *darf* den Garten pflegen. *Darf* ich Auto fahren? Ich weiß nicht. Jochen will immer, daß ich fahre. Aber ich habe Angst. Der Trick mit dem „ich darf" statt „ich muß" stammt noch von Martin. Immer wieder Martin ...

Ich *darf* nett zu Jochen sein. Aber irgend etwas Entscheidendes fehlt. Er ist mehr oder weniger austauschbar. Na, was soll's. Der Mensch braucht den anderen, damit er nicht ins Leere greift.

Ich habe Kopfschmerzen. Ich gehe schlafen, sobald das Waschmaschinenprogramm abgelaufen ist.

Eine Tür, die gleich aufschlägt, führt in ein windiges Haus. (Armin Müller) Das ist gut. Das ist eine schöne Entschuldigung für meine Zurückhaltung, meine Hemmungen, meine Kontaktschwierigkeiten.

Nun haben wir endlich einen Gasboiler. Die Eingabe hatte Erfolg. Der KWV-Direktor hatte mich höflich auf alle Bedingungen und Bestimmungen aufmerksam gemacht und die Zustimmung erteilt.

Ich bin totmüde. Erst die Übersetzungsaktivschicht gestern abend und dann den ganzen Tag hier das Chaos. Aber nun ist die Anlage fertig.

Tapferkeitsmedaille!

Annett hat eine Zusage von ihrem Ausbildungsbetrieb bekommen. Sie hat sich gefreut. Vielleicht hat sie befürchtet, sie nehmen sie nicht.

Das Gespräch mit S.' Tochter hat immerhin zur Folge gehabt, daß ich Annett heute gefragt habe, ob sie sich schlecht behandelt von mir fühlt. Dabei kam heraus: Sie möchte mehr Zuwendung und mehr Taschengeld. Und ich solle nicht immer Sabine vorziehen. Die sei doch nicht mehr klein. Reden mit Annett! Immer wieder reden! Nicht aufhören zu reden!

Ab nächsten Monat bekommt sie dreißig Mark Taschengeld und muß einteilen lernen.

Gestern habe ich unerwartet Martin getroffen, als er kurz vor zwanzig Uhr aus der Kneipe gewankt kam. Ich war auf dem Weg ins Kino. Offensichtlich hat er seine Gewohnheiten nicht aufgegeben. Arme junge Frau. Wer hält das lange aus, wenn einer so nach Hause kommt. Ich habe ihm mit besitzergreifender Geste die Kapuze seines Parkas zurechtgerückt. Er wird sich daran nicht erinnern können.

Jochen war am Wochenende wieder hektisch und unzufrieden. Was hat er nur!

Vorm Jahr, als er die Kinder als eine Investition bezeichnete, die nichts einbringt, hatten wir einen ähnlichen Streit. Er will immer mit Gewinn arbeiten. Er braucht keine Angst zu haben, daß wir ihn arm machen wollen. Wir wollen nichts von ihm. Warum mußte er dann auch noch von Alkohol reden! Sicher war es gemütlicher mit

seinen früheren Freundinnen, wenn man am Sonnabend-
abend bei einer Flasche Sekt oder Wein beisammensaß
oder -lag. Ich bin so nüchtern. Wenn *ich* von Alkohol
rede, so tue ich das, um mich zu *ent*lasten. Wenn *er* von
Alkohol redet, *be*lastet er mich. Nicht immer, es kommt
auf meine Gesamtverfassung an. Kein Wunder, daß ich
vom Rückfall geträumt habe. Den ganzen nächsten Tag
war ich wie zerschlagen.

Ich bin im Moment unleidlich. Ich habe wegen Nichtig-
keiten Sabine eine runtergehauen und Annett ange-
schnauzt. Ich habe mich von Jochens Hektik anstecken lassen. Warum? Ich mache meins, er macht seins. Mehr kann
er nicht von mir verlangen. Soll ich ihm noch Geld geben?
Ich müßte ihn mehr bewundern, weil er auf der Datsche soviel arbeitet. Aber eigentlich ist der Anbau doch ganz allein
seine Sache. Sein Hab und Gut wird vermehrt.

31. Mai

Der *Kelch* ist an mir vorübergegangen. Mehrmals. Unser Se-
minar machte eine interne Abschlußfeier. Und morgen:
Freundschaftstreffen mit einer sowjetischen Reisegruppe.
Ich habe Anna gefragt, welche Erklärung sowjetische Reise-
gruppen für Nichttrinken akzeptieren.

„Ja s maschinoj." (Ich bin mit dem Auto da.) Sie muß es
ja wissen. Sie hat in der Sowjetunion studiert. Trotzdem,
ich habe keine Lust hinzugehen. Gehen Sie doch einfach
nicht, würde Frau Dr. Schneider sagen. Oder: Üben Sie.
Das müssen Sie können. Sehen Sie es als Training an.

Anderen macht es nichts aus. Oder sie drücken sich geschickter. Was soll's. Ich brauche bloß dazusitzen. Nett anziehen. Tanzen womöglich. Und übermorgen bin ich tot.
Mausetot. Aber trocken. Und das ist die Hauptsache.

Das Freundschaftstreffen habe ich überstanden. Sieh an: Gastfreundschaft kann man auch ohne Alkohol zum Ausdruck bringen. Die armenischen Freunde fragten mich, ob ich eine „kormjastschaja matj", also eine „stillende Mutter" sei, weil ich mich so standhaft weigerte, auch nur einen Schluck zu trinken. So habe ich wieder etwas dazugelernt. Ich möchte einmal nach Armenien fahren.

Morgen gehe ich mit Annett abends ins Kino. Zum erstenmal. Sabine muß allein zu Hause bleiben. Ich habe zu ihr gesagt: „Du möchtest doch gern, daß sich Annett freut, nicht wahr?"

„Ja!"

„Dann läßt du uns beide morgen abend ins Kino gehen und bleibst allein zu Hause."

„Na ja . . ., ja!"

Auf einmal geht es.

Ich habe erfahren, daß eine Frau aus unserer Straße trinkt. Das habe ich ihr schon lange angesehen. Das Haar stumpf, die Haut blaß und aufgedunsen. Sie hat glaubhafte Erklärungen dafür: Kreislaufstörungen, Blutdruck, Leber usw. Sie wird von allen wegen ihrer „schwachen Gesundheit" bedauert. Nichts als Alkoholschäden! Ich habe versucht, in ihrer Gegenwart das Gespräch auf Alkohol zu lenken, aber sie hat sofort abgeblockt. Es wäre wohl doch ganz nützlich, das Buch für solche Frauen zu veröffentlichen. Wenn sie es läsen, würden sie vielleicht zumindest mit dem Gedanken spielen, mit dem Trinken aufzuhören. Daß Frauen, die trinken, einander so ähnlich werden. „Hungrig" nannte Anna meinen Gesichtsausdruck.

Jetzt streikt *meine* Leber, und ich versuche, sie mit Wermuttee zu beruhigen. Sicher habe ich mich geärgert, daß ich beim Freundschaftstreffen den angebotenen Schnaps ablehnen mußte. Alle anderen können trinken, nur ich nicht. Ich darf mich nicht aufregen, mich nicht vor den Ferien noch fertigmachen. Mit Annett und Sabine läuft alles gut. *Ich* muß einen beruhigenden Eindruck auf sie ausüben. Am Wochenende fahren wir in den Garten. Ich muß die Brauseflaschen kennzeichnen, damit Jochen nicht wieder zu kurz kommt. Er hat sich aufgeregt, weil sich Sabines kleine Freundin aus dem Nachbargarten über die Brause, die er bezahlt hat, hergemacht hat. Wenn die Flaschen namentlich gekennzeichnet sind, muß die Kleine von Sabines Brause trinken. Es ist Sabines Sache, was sie mit *ihrer* Brause macht.

Ich muß Jochens Baufortschritte bewundern. Ich muß alle Sachen gleich in den Schrank packen, damit nichts rumliegt.

Gewitterstimmung am Wochenende. Ich bin zur Zeit mal wieder unmöglich. Alles stört mich. Ist das nun die Abstinenz? Sicher, mit einem Schnaps ginge alles besser. Aber wie lange?

Jochen versteht mich nicht. Vielleicht ist es auch schwer, mich zu verstehen.

Auf eine Frau, die nicht schön ist, wird keine Rücksicht genommen. Wenn ich attraktiver wäre, würde sich Jochen vielleicht um mehr Verständnis bemühen. Aber ich werde nicht mehr schöner.

Auf die Eigenheiten von Männern wird mehr Rücksicht genommen, glaube ich. Oder sie *fordern* einfach mehr Rücksicht. Und die Frauen kommen den Forderungen nach. Das stammt wohl aus der Zeit, da die Menschen noch als Jäger und Sammler lebten: Die willigste Frau bekam das größte Stück Fleisch vom Mammut, das die Männer erlegt hatten. Und wenn man nicht immer Wurzeln und Beeren essen will . . .

Weshalb bekomme ich immer in Jochens Garten einen Moralischen, daß ich am liebsten ausreißen möchte?

Als wir vor Jahren bei Martins Mutter zu Besuch waren, ging's mir ebenso. Er spielte den ganzen Tag Klavier, und ich ging mit den Kindern schon morgens in den Zoo und trank gleich am Kiosk einen Doppelten. Und abends ging Martin mit mir in eine der Studentenkneipen.

Ach, Martin. Einmal muß doch Schluß sein. Wenn ich mit Martin zusammengeblieben wäre, hätte ich die Kinder opfern müssen. Ob sie eigentlich mitgekriegt haben, daß ich süchtig getrunken habe? Martin kam ab und zu volltrunken nach Hause – mit allen Folgeerscheinungen.

Wie habe *ich* auf die Kinder gewirkt?

„Gehst du noch mal in die Spätverkaufsstelle?" pflegte mich Annett zu fragen, wenn um zwanzig Uhr noch keine Bier- oder Weinflasche vor mir stand. Denn sie wußte, ich bringe ihr von dort Süßigkeiten mit. Das tat ich schon deshalb, um etwas anderes als nur Flaschen im Einkaufskorb zu haben.

Nicht daran denken! Das ist vorbei.

Ich fühle mich schlecht. Richtig schlecht. Zwar habe ich die Parteischule mit einer Auszeichnung beendet und meine Analyse termingemäß abgeliefert, aber ein Hochgefühl will sich nicht einstellen. Ich habe mich wohl übernommen. Ich möchte mal gammeln. Gar nichts tun, bis ich von selbst wieder Lust dazu kriege.

8. Juni

Heute ist die Welt schon wieder etwas heiler. Gestern hatte ich einen absoluten Durchhänger. Ich hätte nicht zur Abschlußfeier gehen sollen. Ich habe nur mit trübsinnigem Gesicht herumgesessen. Heute, an meinem Haushaltstag, habe ich das einzig Vernünftige getan: Bin bis dreizehn Uhr im Bett geblieben, dann zum Friseur gegangen, habe mir Schuhe gekauft und bin zur Mittwochsrunde gefahren. Diesmal ging es aus gegebenem Anlaß um das Mutter-Tochter- beziehungsweise Mutter-Sohn-Verhältnis, das noch im Erwachsenenalter sehr belastend sein kann.

Ich hörte nur zu, und plötzlich stellte ich mir die Frage, ob es möglich sein könnte, daß alle meine unverarbeiteten negativen Gefühle gegenüber meinem geschiedenen Mann auf Annett fallen: Wenn sie sich lärmenden Gruppen anschließt, unterstelle ich ihr gleich Kriminalität. Wenn sie das Geld zu schnell ausgibt, unterstelle ich ihr Leichtsinn und Verschwendungssucht. Wenn sie einen Freund hat, bin ich eifersüchtig. Sie ist aber nicht mein geschiedener Mann, sondern Annett, meine Tochter, fast sechzehn Jahre alt. Ich muß mit ihr reden, immer wieder reden und ihr nicht etwas unterstellen.

Und sie versucht, sich mir gegenüber zu verhalten, wie sie es bei ihrem Vater gesehen hat, und ich reagiere so, wie ich auf ihn reagiert habe: Wenn sie mich anschnauzt, gebe ich klein bei.

Wenn ich ihr nicht gebe, was sie fordert, verteidige ich mich. Wenn ich ihr etwas verweigere, habe ich ein schlechtes Gewissen. Annett benutzt, ohne zu fragen, alles, was mir gehört. Sie ist eifersüchtig auf Jochen Loschewski. Sie fordert Rechenschaft von mir, wenn ich abends weggehe.

Warum sind mir diese Zusammenhänge nicht früher aufgefallen?

Ich glaube, S.' Tochter hat den Stein ins Rollen gebracht. Übrigens hat sie angerufen. Endlich! Ein Glück! Am Dienstag gehe ich zu ihr.

Jetzt geht es mir wieder besser.

15. Juni

Auch S. war da. Nicht nur die Tochter. S. brauche ich nur anzusehen. Und schon möchte ich ihn anfassen. An den würde ich mich gern anlehnen. Was ist denn an ihm Besonderes? Er ist mir ähnlich. Er ist mir so verdammt ähnlich. Gleiche Wellenlänge, keine Startschwierigkeiten. Wir sprechen dieselbe Sprache. Ich fühle mich von ihm verstanden.

Sobald die Tagebücher abgeschrieben sind, kann ich mit der Arbeit beginnen.

Was ist eigentlich *mein* Problem? Aus allen Gruppenmitgliedern wird das Problem *herausgekratzt,* damit sie es erkennen und der Trinkanlaß verschwindet. Aber mich lassen sie in Ruhe. Habe ich kein Problem? Oder ist meins so schlimm, daß man es lieber ruhen läßt? Was habe ich für ein Problem, wenn ich schon mit zwölf Jahren Acetophentabletten, die ich bei Zahnschmerzen bekommen hatte, heimlich weiter eingenommen habe, um mich „gemütlicher" zu fühlen? Der Medizinschrank war offen. Meine beiden Schwestern sind doch normal. Ganz normal. Später sollte mir der Alkohol helfen, unangenehme Situationen zu ertragen. Warum bin ich so geworden? War ich einmal anders, als ich mich jetzt gebe? Ich habe keinen Willen, kein Durchsetzungsvermögen.

Annett und Sabine sind nicht so. Sie *fordern* Zuwendung. Sie *protestieren,* wenn ihnen etwas nicht paßt.

Jochen sagt, er sei nie in mich verliebt gewesen. Diejenigen Frauen, in die er verliebt gewesen sei, habe er nicht bekommen.

Soll mich das erschüttern. Habe ich *mehr* erwartet? Liebe *ich* ihn denn? Nein. Es stört mich so vieles an ihm. Am Anfang war ich verliebt in ihn.

Man kann nichts erzwingen. Und ich muß mir keine Mühe mehr geben, ihm alles recht zu machen. Das lasse ich. Ich habe ständig ein schlechtes Gewissen, ich könnte ihn zu kurz kommen lassen. Jetzt weiß ich auch, warum ich mich in dem achthundert Quadratmeter großen Garten so oft in die Enge getrieben fühlte. Fremdheit und Kälte.

Die Illusion, daß es mehr werden könnte, ist zusammengebrochen. Ein beruhigender Zustand: keine Liebe auf beiden Seiten. Und doch fühle ich mich unsicher, so als hätte man mir einen Halt weggenommen. Kein Gefühl von Angekommensein. Kameradschaft und gegenseitige Hilfe. Gegenseitiger Abbau sexueller Spannungszustände. Ich kann mit ihm schlafen und auch mal Probleme loswerden. Auf alle Fälle fahren wir im Urlaub zusammen an die Ostsee. Sonne ist immer gut. Danach sehen wir weiter.

Er hat keine Nachteile durch uns, im Gegenteil, sein Garten wird gepflegt. Er braucht weder Geld noch Zeit für Gelegenheitslieben aufzuwenden.

Wenn er sagt, er wollte nie heiraten und eine Familie gründen und hätte früher seiner Frau gegenüber alles nur aus Pflichtgefühl getan, weil es damals die Pille noch nicht gab, so kann er mit dem jetzigen Zustand zufrieden sein.

Es ist zwar alles nicht erfreulich, aber auch nicht tragisch. Ich muß ihm nicht den Schwarzen Peter zuschieben. Ich empfinde Erleichterung, ebenso Trübsal, weil ich nicht geliebt werde.

Wer möchte nicht geliebt werden? Oder zumindest die Illusion haben? Martin, so dachte ich, liebt mich. Bei ihm hatte ich es aber schlechter als bei Jochen, der mich nicht liebt. Was ist nun leichter zu ertragen? Das wird sich zeigen. Mir ist zum Heulen. Schon wieder Trennung? Nach zweieinhalb Jahren?

Endlich habe ich gewagt, Frau Dr. Schneider zu fragen, was eigentlich mein Problem ist. Und was ist dabei herausgekommen? Im Telegrammstil: *Überanpassung infolge mangelnder Anpassungsfähigkeit. Starke Diskrepanz zwischen Ideal und Wirklichkeit. Aus Angst vor den Folgen, nämlich Abzug von Zuwendung, bevorzuge ich einen sicheren Mittelweg. Doch der sichere Mittelweg steht im Widerspruch zu meinen Ansprüchen an mich und die Umwelt.*

Wie löse ich diesen Widerspruch auf? Ansprüche herabsetzen? Anpassungsfähigkeit verbessern? Überanpassung abbauen? Aber wie? Das ist mir alles zu abstrakt.

Seitdem ich weiß, daß Jochen mich nicht liebt, fällt es mir leichter, mich meiner Haut zu wehren. Wenn er anfangs gedacht hat, ich würde noch „aktiver", so hat er sich geirrt. Seine Sache.

Ich habe Kopfschmerzen. Nur nicht hektisch werden. Ich muß aufräumen und die neuen Rohre mit Penetriermittel streichen. Noch vor dem Urlaub. Unbedingt.

28. Juni

„Der Sinn des Lebens besteht darin, Widerstand zu leisten." Das ist von S. Ich habe bei ihm angerufen. Weil ich wissen wollte, ob er meine Tagebücher schon zum Abschreiben gegeben hat. Hat er noch nicht. Im August könne ich wieder nachfragen. Die Verlage haben sowieso Urlaub.

Vor September lohnt es sich gar nicht, da etwas zu unternehmen. Wie es mir ginge, hat er gefragt. Am liebsten hätte ich ihm was vorgeheult. Aber was soll's.

Ich habe wenig Lust zu arbeiten. Die Rohre habe ich immerhin gestrichen. Tüchtig. Irgendwie habe ich eine sensible Phase. Gerüche regen mich so auf. Geräusche erst recht. Von Lärm ganz zu schweigen. Alle gehen mir mit ihrem Gequassel auf die Nerven. Alle. Na ja. Aber durchgedreht bin ich noch nicht.

Morgen ist diese Versammlung, auf der ich über meine Parteischulabschlußarbeit sprechen soll. Mal muß jeder in den sauren Apfel beißen. Alle haben bereits über ihre Arbeitsgebiete berichtet. Ich hänge nach. Ich muß das als eine gute Gelegenheit sehen, denn meine Abschlußarbeit hat Hand und Fuß. Ich kann mich nicht vor allen öffentlichen Auftritten drücken. Schön ruhig bleiben. Langsam sprechen. Wechsel von freier Rede und Vorlesen. Erst überlegen, dann reden.

Wird schon werden. Fahrprüfung war schlimmer.

Juli 1983

Seit dem Gespräch mit S. bin ich ruhiger. Nur, ich habe geträumt, daß ich jemand umarmt und gesagt habe: Ich bin so glücklich, aber es hält nicht an. Wer war das? Ich weiß nicht, wer es war. Ich habe nur den Körper gespürt. Die Wärme. Seitdem mir klar ist, daß Jochen und ich uns nicht lieben, bin ich lockerer. Viel Resignation. Aber es geht nicht mehr so tief.

Ich bin so unlustig. Aber wenn Sabine erst im Ferienlager, Annett bei Jochen im Garten ist und ich in der Beratungsstelle war, werden meine letzten Vor-Urlaubs-Energien hoffentlich wiederkommen.

Im Urlaub muß ich mich den Kindern widmen!

Von Jochen nicht einschüchtern lassen. Ich bin normal, bloß überempfindlich. Ich bin zu nichts verpflichtet.

Seltsam, wenn man plötzlich allein ist. Sabine ist im Ferienlager, Annett bei Jochen im Garten. Er hat schon Urlaub. Endlich bin ich mal überflüssig. Ich schaffe natürlich abends viel mehr, wenn die Kinder nicht zu Hause sind. Ich war heute fleißig. Ich habe einen Windschutz für den Ostseeurlaub genäht und alle liegengebliebenen Stopf- und Flickarbeiten erledigt. Und für den Urlaub eingekauft. Sabine hat geschrieben. Wenn ich nicht wüßte, daß beide, Annett und Sabine, wiederkommen, wär's schlimm. Ich brauche sie, aber sie machen mich fertig.

Jetzt habe ich die Verantwortung für sie an andere delegiert und kann mich erholen, obgleich ich noch keinen Urlaub habe. Am Mittwoch möchte ich mit Frau Dr. Schneider über Annett reden. Ich möchte sie fragen, wie ich Annett mit weniger beiderseitigem Verschleiß, mit weniger Reibungsverlust und ohne Voreingenommenheit behandeln kann.

Fazit der Gruppenstunde: *Annett ist anders als ich*. Ich muß mit ihr *reden*. Ich muß Streit *austragen*. Streit und Streitanlaß *aussprechen*. Nicht alles so wörtlich nehmen, was sie sagt. Sie ist ihrem Vater ähnlich. Ich kann mit ihr üben, wie man mit diesem Menschentyp fertig wird. Lieb und zärtlich zu ihr sein, nicht nur wenn sie klein, schwach und traurig ist. Sonst wird sie so, damit ich sie liebhabe. Flucht in die Krankheit . . .

Ich habe sie nur lieb, wenn sie so schwach ist, wie ich mich immer gemacht habe. Ich mag es nicht, wenn sie stärker und besser ist als ich.

Ein Glück, daß sie stark ist. Das soll sie auch bleiben. Willen muß man haben. Trotzdem habe ich Angst, ich könnte mit ihr nicht fertig werden, sie könnte mir entgleiten . . ., und ich treibe sie damit weg. Sie hat ein Recht darauf, so zu sein, wie sie ist.

Meinem geschiedenen Mann habe ich mich völlig untergeordnet. Bei Martin war ich der Stärkere. Das hat mir gut gefallen. Ihm sicher nicht.

Richtig ist, wenn jeder mal stärker und mal schwächer ist, mal dominiert und mal zurücksteht, sagt Frau Dr. Schneider.

Ich übe an Jochen die ganz normale Partnerschaft. Das geht, weil ich ihn nicht liebe. Liebte ich ihn, so hätte ich Angst, ihn zu verlieren, und würde alles tun, was er will, und mich dabei wieder völlig aufgeben.

Überanpassung.

Überanpassung, um Zuwendung zu erhalten. Seit frühester Kindheit?

Ich muß lernen, mich *freundlich* zu verweigern, *freundlich* zu erklären, warum ich dies und das nicht tue. Nur noch mit ihm schlafen, wenn ich wirklich will. Lieb und freundlich, aber selbständig sein. Dann kann der Urlaub ganz schön werden.

Keine Schuldgefühle aufkommen lassen. Wenn ich zu Annett freundlicher bin, schlägt sie vielleicht auch Sabine nicht mehr.

Gut, daß S.' Tochter mich auf mein Verhältnis zu Annett aufmerksam gemacht hat. Annett ist nicht mein geschiedener Mann. Sie ist auch kein Fußabtreter. Sie ist ein junger, umsichtiger Mensch.

31. Juli

Der Ostseeurlaub war gut. Nicht sehr gut. Dank Jochens Toleranz und meinen hausfraulichen Bemühungen bei der Selbstverpflegung. Was ist mir im Urlaub aufgefallen? Ich spiele zuwenig mit den Kindern. Also: mehr spielen. Nichts ist wichtiger, als mit den Kindern zu spielen, nicht die Honorarübersetzungen, nicht Wäsche, nicht Kino. Wir sollten uns doch noch keinen Fernseher kaufen.

Ich muß etwas für meine Figur tun. Sonst werde ich oben knochig, unten wabblig. Also: Ich muß Sport treiben, unbedingt. Ich muß etwas für die Haut tun. Nur noch im Notfall, das heißt, wenn ich nicht schlafen kann, heiß baden. Kalt duschen, Bürstenmassage! Ich muß mich mehr an meine Diabetesdiät halten. Davon wird niemand dick.

Jochen hat sich viel Mühe gegeben, mit uns auszukommen. Aber er meckert zuviel. Er nennt das „objektive Feststellungen". Er hat Spaß daran, etwas schlechtzumachen.

Ob's nun das Wetter, die Landschaft, die Dorfkirche, der Streuselkuchen oder meine durchschnittliche „Schönheit" ist. Er sieht doch auch nicht besonders aus.

Der grundlegende Unterschied zwischen uns ist, daß ich, um das Leben erträglich zu finden, mich an den Kleinigkeiten freuen möchte, er dagegen das Leben durchaus akzeptiert und sich über die erfreulichen Kleinigkeiten hinwegsetzt. Für ihn ist der Kuchen eben trocken, und es gibt Millionen Frauen, die besser aussehen als ich. Ich muß die Sachen, die ich schön finde, verteidigen. Ich glaube, ich habe ihn damit beschämt, daß *ich* alle Lebensmittel für uns eingekauft und bezahlt habe. Ich werde ihn weiterhin beschämen.

Ich denke immer, wenn wir zusammen geschlafen haben, müßte er am nächsten Tag besonders freundlich sein. Und jedesmal wurde ich enttäuscht. Das ist, weil wir uns nicht lieben. Es ist so, als wären wir zusammen schwimmen oder essen gegangen, und am nächsten Tag ist's weg.

Ich würde es nicht aushalten, mit Jochen tagtäglich zusammen zu sein. Ich sehne mich nicht nach ihm. Es macht mir nichts aus, daß es ihn wieder auf seinen Privatbesitz zog und ich hier Wäsche wasche. Ich kann seine nervöse, unzufriedene Art, das laute Sprechen und den Raucherhusten schwer ertragen, wenn ich selbst nervös bin.

Es kann alles so weitergehen wie bisher: Wir verbringen das Wochenende gemeinsam, und er kommt einmal in der Woche. Wir sind abends viel zusammen spazierengegangen, anstatt in die Kneipe zu gehen oder eine „gute Flasche Wein" im Bungalow zu trinken. Es wäre wohl ganz nett gewesen. Ich wäre zugänglicher gewesen. Aber dann . . . So habe ich ganz erholsam geschlafen. Magenschmerzen gab's kaum, also habe ich alles gut verarbeitet, Kopfschmerzen auch kaum, also gab es keine angestauten Spannungen. Ein notwendiges Ventil für meinen Spannungszustand gegen Ende des Urlaubs war meine 30-Kilometer-Alleinfahrt mit dem Fahrrad. Danach ging's mir wieder gut. Öfter Radfahren!

Und in der zweiten Urlaubswoche wurde ich meinen Kindern sympathisch, weil ich keine Karten mischen konnte.

Neue Töne zwischen Annett und mir. Sie beschwerte sich, daß ich Sabine soviel fürs Ferienlager gekauft hätte und für sie nichts. „Du bist also enttäuscht, daß Sabine soviel bekommt", habe ich gesagt.

„Ja, und überhaupt, Sabine kriegt immer alles, und du hast mich noch nicht einmal von der U-Bahn abgeholt, obwohl du heute Haushaltstag hattest, und als ich nach Hause kam, war auch keiner da!"

Offenbar hat sie mich vermißt.

Ich fühle mich nicht besonders. Ich bin müde. Morgen kommt der Klempner wegen der Gashavarie. Ich bin noch nicht wieder im richtigen Trott. Die Wohnung sieht saumäßig aus, besonders die Küche, aber auch das Kinderzimmer. Vor sieben Jahren wurde zum letztenmal tapeziert. Für mich macht ja keiner etwas.

Jochen will auf seiner Datsche anbauen. Soll er bauen. Warum habe ich bloß so schlecht geschlafen? Zu heiß gebadet? Bauchschmerzen? Mücken im Schlafzimmer? Unordnung im Schlafzimmer? Alte Bettwäsche? Nun stell mal alle diese Ursachen ab. Da hast du zu tun.

Eine Flasche Rotwein täte es auch.

8. August

„Das Beste im Leben sind die Überraschungen", habe ich heute früh zu meiner Kollegin gesagt. Und wen traf ich heute abend auf der Jagd nach einem 130-Liter-Kühlschrank? Achim, einen flüchtigen Bekannten, den ich fünf Jahre nicht gesehen habe. Er ist Maler. Er hätte mich nicht wiedererkannt, wenn ich ihn nicht angesprochen hätte, sagte er. Damals hatte ich eine andere Frisur. Locken.

Wo sind die fünf Jahre geblieben? Er ist wieder verheiratet. Hätte ich ihm damals gefallen, so hätte ich Martin nicht an Land gezogen und hätte nicht mit dem Trinken aufgehört.

Es ist alles so gekommen, wie es kommen mußte. Und

jetzt treffe ich ihn wieder. Er hätte mich anders in Erinnerung gehabt, sagte er.

Heute, das hätte ein Rückfall werden können.

Ich soll ihn mal besuchen.

Irgendwie hat's mich aufgewühlt. Erinnerung an eine Zeit, als ich das Alkoholproblem nicht als Problem erkannte, als ich, ich war gerade geschieden, dachte, daß jetzt irgendwas ganz Schönes kommen müßte. Damals hatte ich Illusionen. Und Hoffnungen. Jetzt habe ich zwar ein unangenehmes Gefühl, wenn Jochen sagt, es käme nichts mehr, wenn man sich der Vierzig nähert, aber ich widerspreche ihm auch nicht. Weine nicht, das ist bloß Selbstmitleid wegen nicht erfüllter Hoffnungen. Na ja, damit muß man leben.

Mach kein Theater. Es war eine Begegnung mit der Vergangenheit. Sonst nichts.

Etwas ist anders, und nichts ist anders.

Ich habe mit S. telefoniert. Morgen geht der Text zur Abschreibdame. S. schien gut aufgelegt zu sein. Hat mich eingeladen.

Warum ich angefangen hätte zu trinken, hat er gefragt. Weil ich als Kind nicht gelernt habe, unangenehme Situationen durchzustehen oder gegen sie anzukämpfen, nehme ich an. Dazu kommt eine wahrscheinlich angeborene Überempfindlichkeit. Das ist das ganze Geheimnis. Ich habe es mit Überanpassung versucht, damit mich alle liebhatten. Vielleicht habe ich es den Erwachsenen auch schwer gemacht, mich liebzuhaben . . .

Heute konnte ich Jochen nur schwer ertragen. Er hielt mir den üblichen Vortrag über schlampige und nicht schlampige Frauen. Von der für ihn in Frage kommenden Auswahl sei ich die Beste gewesen, sagte er. Sehr schmeichelhaft für mich. Soll ich da lachen oder weinen?

Mein lieber S., ich konnte nicht kommen. Eine Bewegung von Ihnen, und ich hätte Ihnen am Hals gehangen. Wenn ich Ihre Stimme höre . . .

Er meldet sich, wenn's was Neues gibt. Er fährt morgen weg. Eine Woche, zwei Wochen, drei Wochen ...

Optimisten werden nicht hektisch.

Ich werde morgen mit Annett frühstücken. Sie hat Geburtstag. Stell dir vor, sie wacht morgens auf und ich bin nicht da oder so müde, daß ich nicht lieb zu ihr bin. Geht nicht.

Nun war S. gestern doch am Telefon. Und sagt mir meine Verliebtheit auf den Kopf zu. Und warnt mich. Warnt mich eindringlich. Er habe zwar auch ein gewisses Anlehnungsbedürfnis, aber er nehme lieber einen Sessel zum Anlehnen, denn der bekäme keine Arme, um ihn festzuhalten.

Ich habe ihm gesagt, daß seine Erklärungen am „Wesen der Sache" nichts ändern.

Ja, was machen wir nun?

„Unerwiderte Liebe ohne Rückfall" üben. Er hat bestimmt auch etwas an sich, was mir nicht gefällt. Und dann kühle ich ab. Dann werde ich ausgeglichener. Dann kann ich warten und mit ihm zusammenarbeiten. Nüchtern mache ich sowieso nichts, was ich nicht will.

Ich mag ihn. Na und?

Das Wichtigste, was überhaupt Bestand hat, ist diese seine Aufforderung, neben Arbeit, Kindererziehung und Abstinenz noch irgendwas zu machen, was mir etwas gibt. Einen neuen Dampfer besteigen. Er würde mir den gern längsseits bringen, sagt er.

Ich war bei S., und es ist alles so gelaufen, wie es laufen sollte. Er will sich Ärger, Anrufe, Vorwürfe meinerseits ersparen, also weist er mich zurück. Ich habe mich relativ gut gehalten. Ohne Tränen.

Es ist alles in Ordnung. Große Liebe führt bei mir immer zu Unterordnung und Selbstauflösung, Lähmung und Trägheit. Ich werde untätig und uninteressant. Und dann wendet man sich von mir ab. Was habe ich damit gewonnen? Glücklich werde ich so nicht.

Jetzt bin ich zwar auch nicht glücklich, aber lebensfähig.

Und lebensfähig muß ich sein. Noch eine Weile. Mindestens zehn Jahre. Dann sind die Kinder groß.

Es ist immer wieder dasselbe: Ich möchte mich anlehnen und werde mit sanfter Gewalt weggeschoben. Nur bei Jochen nicht. Aber an den mag ich mich nicht anlehnen. Mein Vater würde mich auch nicht wegschieben ... Jetzt nicht mehr. Vati wird nun siebzig. Ich habe viel von ihm durch Identifikation gelernt. Gerade das Falsche: Trinken, Tabletten ... Was noch? Zeichnen. Und einmal hat er mir die Sternbilder erklärt ...

Ich muß unbedingt arbeiten, sonst wird meine nächste Materialzusammenstellung unbefriedigend. Ich muß mir für jeden Tag eine Aufgabe stellen. Ich könnte mir als Belohnung für drei Jahre Abstinenz Ölfarben kaufen. Das wollte ich doch schon immer.

Ich muß lernen, mich mit mir selbst zu beschäftigen. Ohne Alkohol.

Wenn ich Tagebuch schreibe, fühle ich mich wohl. Wenn ich Musik höre, auch. Aber nicht immer.

Meist halte ich es nicht aus, allein zu sein. Dann muß ich raus aus der Wohnung, einfach rumlaufen, einkaufen oder ins Kino gehen.

Ich bin doch weder dumm noch ungeschickt. Aber ich mache nichts. Irgendwo sitzt eine Hemmung. Antriebsschwäche. Vor lauter Pflichten weiß ich gar nicht mehr, was ich *selbst* will. Wer ich selbst bin.

Wer bin ich?

S. sagte, ich solle mehr Selbstbewußtsein aufbringen. Ich solle schreiben, denn so schlecht seien die vier Seiten, die ich ihm voriges Jahr geschickt hätte, nicht gewesen.

Ab Freitag kann ich mich wieder hinter der Mutterrolle verstecken. Vielleicht bin ich auch deshalb so unruhig, weil mir Sabine fehlt.

Irgendwie bin ich aus dem Gleichgewicht geraten. Der Tag heute wäre ideal für einen Rückfall: kein Kind in der Wohnung. Es wäre sogar verständlich, weil S. mich zurückgewiesen hat. Alle Welt hätte eine Erklärung.

Ich melde mich nicht wieder bei ihm. Soll er doch machen, was er will.

Morgens: Heute kann ich mir gratulieren. Weil's kein anderer tut. Drei Jahre Abstinenz gehen vor allem mich an. Außer den Ölfarben habe ich mir noch einen Pullover zur Belohnung gekauft.

Beide Kinder sind wieder zu Hause. Ich will nicht mehr schimpfen. Ich brauche nicht mehr zu schimpfen. Ich müßte jeden Tag Punkte sammeln fürs Nichtschimpfen. Das letzte Abstinenzjahr war hart: Parteischule, Schwierigkeiten mit den Kindern, zwei Planprojekte zu unterschiedlichen Themen, Einbau von Gasboiler und -heizung.

Künftig will ich viel, viel schöpferischer und dadurch gelöster werden. Das wird den Kindern bekommen. Kinderzimmer, Küche, Flur und Bad tapezieren.

Der Teufel sitzt im Detail: Mit Trinken ginge das alles nicht.

Vielleicht trenne ich mich nächstes Jahr von Jochen. Vielleicht auch nicht.

Abends: Nun habe ich mir ein indisches Folklorekleid gekauft. Weil ich in „Geburtstagslaune" in den Ex gegangen bin.

S. hat angerufen. Er wollte Annett dazu anregen, daß sie mir zum dritten Jahrestag der Abstinenz einen Blumenstrauß besorgt. Aber ich war zuerst am Telefon. Er sagte etwas von Hochachtung. Und ich kratzbürstig: „Na, wenn schon nichts sonst, dann Hochachtung."

Nett ist's trotzdem. Er ist der einzige, der daran gedacht hat. Sonst interessiert's keinen. Und ihn bloß als *Fall.* Jetzt ist mir erst recht zum Heulen. Abstinenz ist gleichbedeutend mit Trennung von Martin. Ich brauche keinen mehr zu lieben. Ich habe Martin geliebt. Reicht doch. Für ihn wollte ich alles tun.

Die Abstinenz ist *meine* Sache. *Ich* muß sie durchstehen. *Ich* versacke sonst. Ich habe keine Alternative.

Morgen geht's wieder in den Garten.

Am Montag zur Arbeit.

Ich kann mir ein Buch über Ölmalerei aus der Bibliothek

holen. Und dann malen. Einen Pullover für Annett strikken.

Jochen meint, man müsse gar nicht *den* Partner finden, sondern nur einen allgemein passenden Typ, dem man sich anpaßt, ohne sich aufzugeben. Er ist eben acht Jahre älter als ich; er meint auch, daß alle, die zum zweitenmal heiraten, sich nur verschlechtern. Das ewige Suchen hätte gar keinen Sinn.

Er kann so leben. Er hat seinen Garten und mich – zwar nur halb so oft, wie er will – aber immerhin. Er könnte vielleicht eine Ehe mit mir aushalten. Aber ich nicht mit ihm. Es fehlt der Funken. Das Begehren. Das Gefühl, verstanden zu werden.

Seit wann eigentlich muß ich mich zu allem so überwinden? Dieses selige Gefühl, als wüchsen mir Flügel, das ich nach Annetts Geburt hatte, kommt nicht wieder. Deshalb wollte ich auch unbedingt ein zweites Kind. Ein Baby sollte mir Schwung und Wohlbefinden geben, dafür sorgen, daß ich mich nicht uralt und ausgebrannt, sondern jung fühle. Wenn ich nicht lache, habe ich einen resignierten Gesichtsausdruck. Der sieht häßlich aus. Ein richtiges „17-Uhr-U-Bahn-Gesicht". Also lächeln, auch wenn ich abends müde nach Hause komme. „Mit vierzig hat man das Gesicht, das man verdient", habe ich mal gehört. In zwei Jahren, wenn das stimmt.

Dieses Schuljahr werde ich mich voll und ganz den Kindern widmen, mit Ruhe und Geduld. In der Zeit, die mir nach den täglichen achtdreiviertel Stunden Arbeitszeit noch bleibt.

Ach, lieber Gott, laß mich immer ruhig bleiben. Laß mich Annett trotz ihrer Bockigkeit richtig behandeln. Laß mich erkennen, wofür es sich zu kämpfen lohnt. Laß mich *einen* lieben, den aber richtig – und nicht alle ein bißchen. „Immer zu Opfern bereit sein", riet mein Friseur heute. Nur ein Dummer gäbe etwas ohne Gegenleistung. Und einen Dummen wollte ich doch auch nicht. Kluger Mann, der Friseur.

Ach, imaginärer lieber Gott, mir hilft doch keiner. Selbst drei Jahre Abstinenz machen mich nicht froh.

September 1983

Wie kommt Frau Dr. Schneider in meine Träume? Vielleicht erweckt sie *Wünsche und Hoffnungen* bei mir? Ich bin, weil ich mich von ihr vernachlässigt fühlte, in die andere Gruppe gegangen. Und dann zurückgekommen. Ich wollte immer Anerkennung von ihr. Worum sie mich bittet, das tue ich. Da hat meine Überanpassung mir bei der Abstinenz geholfen.

Was sie gesagt hat, habe ich getan. Wie ein folgsames Kind. Damit sie mich gern hat. Beherrsche ich überhaupt noch ein anderes Verhaltensmuster als dieses: bedingungslose Folgsamkeit in der Erwartung eines aufmunternden Blickes, eines teilnehmenden Wortes, eines flüchtigen Streichelns? Da kann ja jeder mit mir machen, was er will!

5. September

Meine Erziehung hat heute völlig versagt. Wind gesät und Sturm geerntet. Wenn ich um achtzehn Uhr nach Hause komme, muß das Abendbrot auf dem Tisch stehen. Sonst wird es für Sabine zu spät. Mit sozialpolitischen Maßnahmen war's einfacher. Aber nun ist Annett sechzehn, und sie fallen weg. Annett ist ja zur Zeit rührend entgegenkommend, aber abends wird sie mir auch zuviel.

Heute wäre ein typischer Trinktag. Abends nach Hause und erst mal eine Flasche Bier und dann alles an sich rankommen lassen. Bloß, davon stünde auch kein Abendessen auf dem Tisch. Aber so ist es normal im Leben: Auf zwei gute kommt ein schlechter Tag. Heute war ein schlechter.

10. September

Heute habe ich S. angerufen. Und was stellt sich heraus? Die Frau hat schon zweihundertfünfzig Seiten abgeschrieben. Prima. Am Freitag kann ich sie abholen. Ohne Herzklopfen. S. ist tabu. Keine Annäherungsversuche meiner-seits.

Wegen Jochen brauche ich mir keine Sorgen zu machen. Würde er sein Leben meinetwegen verändern? Nein.

Jetzt, da die Tagebücher maschinenschriftlich vorliegen, hängt das Tempo von mir ab.

S. hat gefragt, ob ich mein Tagebuch inzwischen weiter-geführt hätte.

Natürlich. Was denn sonst?

Er möchte das mal lesen.

Da würde er sein blaues Wunder erleben, habe ich ihm gesagt. Wenn, dann auf eigene Gefahr.

13. September

Ich habe wieder besser geschlafen, nachdem ich gestern bei Achim war. Ich bin ruhiger. Das Gespräch hat sich mühsam hingeschleppt. Wohnt er also mit seiner zweiten Frau und deren Tochter zusammen, sorgt für die Familie und hat seine künstlerische Freiheit, kann arbeiten, wann er will und wie lange er will. Er sagt: *meine* Tochter. Das hat mich berührt. Er kann nicht über Gefühle sprechen. Er ist nicht umgänglich und charmant, eher schüchtern und verschlos-sen. Ein Glück, daß es damals nichts mit uns geworden ist. Er hätte mit mir nur Schwierigkeiten gehabt. Ich hätte da-mals noch die „bürgerliche Ehe" mit pünktlichem Feier-abend gewollt, und wenn er abends nicht zu Hause gewe-sen wäre, sondern in seinem Atelier, hätte ich allein getrun-ken.

Jetzt kann ich mit ihm reden. Er kocht Tee und hört zu.

Herr S., ich arbeite. Ich lese und redigiere in meinem Tage-buch herum. Am liebsten ließe ich mich krank schrei-ben, um mehr Zeit zu haben. Schade, daß ich morgen abend nichts machen kann. Wenn Jochen da ist, ist er da.

So, zweimal durchs Manuskript. Zweihundert Seiten etwa sind's jetzt, fünfundvierzig sind raus. Wiederholungen, Klatsch, Gewäsch . . .

S., laß mich nicht allein. Steh immer neben mir. Du darfst dich auch setzen. Das klang gestern sehr gut: Er stehe immer neben mir, wenn ich am Manuskript arbeite.

Das Lesen des Manuskripts war wahnsinnig anstrengend. Ich konnte mich einfach nicht losreißen. Vieles ging mir nahe. Manches hatte ich beiseite geschoben und verdrängt, und ich hätte es vielleicht auch vergessen, wenn die Tagebücher in der Schublade liegengeblieben wären. Jetzt bin ich gezwungen, mich zu erinnern.

So quälend dieser Zustand manchmal ist, er ist besser als der pseudozufriedene, um den ich mich so lange krampfhaft bemüht habe.

Nur, muß ich den *Weg zu mir* gegen Jochen Loschewski gehen? Kann ich ihn nicht mit ihm gehen?

Kürzlich behauptete er, wir seien beide in dem Alter, in dem man nichts Neues mehr anfangen könne. Das Gegenteil konnte ich ihm leider nicht beweisen. Doch ich habe nichts vom „Tagebuchprojekt" gesagt, um es mir nicht ausreden zu lassen. Er brauchte nur zu sagen: Was willst du dir da aufladen? Du schaffst es ja jetzt kaum, alles unter einen Hut zu bringen, Arbeit, Haushalt, Kinder . . .

Er fühlt sich stark gegen jemand, der schwach wirkt. Versucht, ihn zu unterdrücken mit Bemerkungen über mangelnde Ordnung und falsch erzogene Kinder.

Ich muß meinen Weg gehen. Ich bin gerade dabei, Jochen Loschewski zu überholen. Wer ehrgeizig ist, verträgt das schlecht. Ein Schleier zerreißt. Der Alltag wird dadurch nicht leichter. Doch ich werde freier.

Ich gehe meinen Weg.

20. September

Manchmal denke ich, S. hätte mich zu etwas Unmöglichem verführt. Einen von den fünf Abschnitten des Tagebuchs habe ich heute schon zum drittenmal durchgelesen. Ich halte mich an meinem Manuskript fest. Ich darf nicht erwarten, daß *von außen* Trost und Hilfe kommen. Aber ich erwarte es immer wieder.

Ich rutsche so leicht wieder in diese gereizte Schimpflaune gegenüber Annett hinein. Sie ist gereizt, weil sie einen Freund hat, ich bin gereizt, weil ich auf ihn eifersüchtig bin.

Jeden Tag so leben, als ob's der letzte wäre. Das müßte man können. Mit Annett gelingt es mir auf alle Fälle besser als im vorigen Jahr. Ich darf nicht wieder abrutschen! Das ist das Schwerste.

Vielleicht ist das Verhältnis zwischen Jochen und mir jetzt klarer. Er sagt, er möchte „Zufallslieben bei mir nicht blokkieren." Er sieht ein, daß bei ihm meine *Seele* allein bleibt. Er sieht ein, daß seine Notphilosophie, nämlich daß nichts mehr kommt, nicht auf mich paßt. Ich liege neben ihm und habe nicht den Wunsch nach Nähe . . . Er ist mir so fremd. Ich wollte mit ihm schlafen, um ihn nicht zu kränken.

S. ist schuld. Aber ich sollte ihm dankbar sein. Die Etappe, bis ich ihn kennenlernte, war bedrückend.

Freilich hatte Frau Dr. Schneider vor drei Jahren recht, daß es noch zu früh sei für eine feste Bindung. Ich war noch nicht bei mir angekommen. Vielleicht bin ich jetzt wieder ein bißchen näher an mich herangerückt.

Ein Partner kann mich nicht retten. Ich, ich, ich! Wenn ich es jetzt nicht schaffe, ist's vorbei. Ich muß den Durchbruch schaffen. Ich darf nicht weiter vor mir weglaufen. Ich muß bei mir ankommen um den Preis des Untergangs.

S. hat angerufen. Er sagt, er habe von einem Schriftsteller gelesen, der sich deshalb „in der Schnapsflasche verkroch", weil er nicht erwachsen werden wollte.

Wollte *ich* nicht erwachsen werden? Ich habe nie Ansprüche gestellt. Vielleicht wollte ich lieb und klein bleiben, um die Zuwendung der Erwachsenen zu behalten. Und jetzt? Will ich erwachsen werden?

Es hat aber auch sein Gutes, wenn man nicht erwachsen ist. Man kann sich freuen wie ein Kind.

S. sagt, er habe schon oft Menschen unzufrieden gemacht, aus ihrem Gleichgewicht gerissen. Und fast immer sei damit das Gleichgewicht einer ganzen Gruppe gestört worden. Wenn er dann seinen Einfluß zurückzog, pendelte sich das Gleichgewicht wieder ein. Mein Gleichgewicht ist auch gestört. Endlich traue ich mich, Herrn Loschewski etwas zu entgegnen und ihm zu sagen, daß er mir fremd bleibt.

War ich denn vorher zufrieden? Nein. Die Unzufriedenheit lähmte mich. Mit der Unzufriedenheit zufrieden sein. Das ist der Schlüssel. Damit kann man leben. Zufrieden sein, daß man es noch vermag, unzufrieden zu sein. Unzufriedenheit als Triebkraft.

Ich muß erwachsen werden. Meinem Alter nach bin ich es. Am Telefon bin ich es auch. Aber wenn ich einem Menschen von Angesicht zu Angesicht gegenüberstehe, bin ich es nicht. Die anderen empfinden das als mangelndes Selbstbewußtsein. Keiner nimmt mich deshalb richtig ernst. Das ist der Schlüssel für Mißerfolge bei Behörden, der Schlüssel für mein Verhalten gegenüber Kollegen, Ärzten, Lehrern und auch Jochen.

Ich fühle mich immer als ausgeschimpftes Kind.

Das ist auch der Schlüssel für mangelnde Durchsetzungskraft und geringe Bedürfnisse. Für das Daraufwarten, daß einer etwas für mich unternimmt oder mir eine Entscheidung abnimmt.

Ich bin achtunddreißig Jahre alt, wissenschaftlicher Mitarbeiter, habe zwei Kinder.

Was mache ich, wenn Jochen heute kommt? Schlafe ich mit ihm? Vielleicht.

Wenn er nicht kommt, verkrieche ich mich in meinem Manuskript.

26. September

Mein Erwachsenwerden hat mir nun diese Jacke für dreihundert Mark beschert. Ich habe mir eine neue Jacke geleistet, Kunstleder, aber „sieht aus wie echt". Die andere habe ich acht Jahre getragen. Das reicht.

Erneuerung des Grundkapitals. Ersatz der Aussonderung...

Ich merke, meine letzte Qualifizierung schlägt sich in meiner Ausdrucksweise nieder. Gut aufgepaßt in Politischer Ökonomie des Kapitalismus.

Wenn nun noch ein karierter Rock hinzukommt, bin ich komplett. Die Auszahlung der Lebensversicherung macht's möglich.

29. September

So, nun habe ich mein erstes Ölbild gemalt. Auf Pappe. S. hat gesagt, geleimte Wandfarbe mit Latex ergäbe einen guten Malgrund für Öl.

Ja, warum habe ich das nicht eher gemacht? Es hat doch nur zwei Stunden gedauert.

Oktober 1983

Ich habe Kopfschmerzen. Schon seit gestern. Wegen der Badrenovierung. Und nun ist's nicht einmal fertig geworden. Renovieren strengt mich an. Weil ich der Chef bin.

Was mache ich nun heute am Sonntag? Am liebsten ginge ich abends ins Kino. Einfach um abzuschalten.

Noch zwei Waschmaschinen mit Wäsche. Sabines Zimmer aufräumen. Mittag essen. Mittagsruhe. Spazierengehen.

Ich sollte in der kommenden Woche einen Haushaltstag nehmen, um den zweiten Teil des abgeschriebenen Tagebuchs, den S. geschickt hat, zu redigieren.

4. Oktober

Die Tagebücher sind beim Abschreiben durcheinandergeraten. Ich lese jetzt den Anfang noch einmal, das, was ich vor drei Jahren geschrieben habe.

Zauber des Anfangs kann ich dazu nur sagen. *Und jedem*

Anfang wohnt ein Zauber inne, der uns beschützt und der uns hilft zu leben... Das ist von Hermann Hesse.

Vor drei Jahren war ich so begeistert, daß ich die Wende geschafft hatte, daß mich diese Euphorie wirklich wie ein Zauber geschützt hat. Die Ernüchterung kam später. Aber da hatte ich das „Handwerk der Abstinenz" schon gelernt und war nicht mehr so hilflos.

Dennoch, wenn ich das heute lese, bin ich peinlich berührt: „Nicht trinken!" und „Einen Mann ins Bett!" Dazwischen lag nichts. Oder nicht viel.

Zum *Glück* für mich. Denn daran scheitern so viele Abstinenzwillige: Sie wollen alle Probleme, die sich im Verlauf von Jahren, Jahrzehnten durch das Trinken angehäuft haben, sofort und gleichzeitig lösen – Probleme mit dem Ehepartner, Probleme mit den Kindern, Probleme mit den Eltern, mit der Schwiegermutter, den Nachbarn, Probleme auf der Arbeitsstelle und so weiter. Das kann man ganz objektiv nicht schaffen.

Nicht den zweiten Schritt vor dem ersten tun, sagt Frau Dr. Schneider immer.

Man kann nicht an mehreren Fronten zugleich kämpfen, sagt Frau Salzburg.

Aber irgendwann müßte doch mal der zweite Schritt kommen?

„Was macht die Liebe?", fragte S. am Telefon.

„Welche?... Ach, lassen Sie mich... Ich störe Sie doch nicht. Ich lasse Sie in Frieden. So wie Sie das möchten."

„Na, wenn es Ihnen guttut", sagte er.

Es tut mir gut, wenn sich einer mit mir beschäftigt. Ich habe mich gefreut, daß er angerufen hat. Ich sagte, daß ich fleißig am Manuskript arbeite, und er lobte mich. Auch er habe in nächster Zeit viel zu tun, sagte er. Schreiben könne auch zur Sucht werden.

7. Oktober

Gestern war ich völlig down. Rückenschmerzen nach der Massage. Alkoholische Oktoberfeier. Sehnsucht nach S. Ich hätte mich schon nach einem Schluck besser gefühlt. Und um mich herum tranken alle auf Betriebskosten. Die vage Ahnung, daß das Schreiben als Sucht den Alkohol abgelöst haben könnte, ist mir nicht ganz geheuer. Seitdem ich diese Möglichkeit in Betracht ziehe, fühle ich mich schlechter. Es kann so sein. Schreiben als Alternative.

Sporadisch Tagebuch geschrieben habe ich bereits mit zwölf Jahren, nachdem ich zum erstenmal die Regel bekommen hatte, später auch im Oberschulinternat, bis die Mädchen das Tagebuch fanden und laut daraus vorlasen. Dann erst wieder zu Beginn des Studiums, als ich allein in meinem möblierten Zimmer hockte.

Den „Ausweg" Alkohol habe ich erst später gefunden.

Ich muß nun nicht gleich mit einer neuen Sucht kokettieren. Das Wort „Sucht", habe ich mal gelesen, kommt von „siech", also von „krank". Krank ohne das Schreiben?

Ich muß die auf mich einstürmenden Gedanken und Gefühle schriftlich ordnen und verarbeiten, wenn ich nicht vorziehe, sie wegzuspülen. Vieles, worüber andere einfach hinweggehen, macht mich traurig oder glücklich. Ich kann so leicht nichts „wegstecken". Ich muß mir manches *vom Herzen schreiben,* um leichter atmen zu können.

Den *Versuch, das Leben schreibend zu bestehen,* nennt es Max Frisch. Jeder muß seine Art und Weise finden, das Leben anzugehen. Und ein Abstinenzler erst recht. Er kann nicht so dumpf dahinleben wie vordem.

In zwei Wochen habe ich Urlaub. Nach dem Urlaub bin ich ruhig. Ganz ruhig. Ganz, ganz, ganz ruhig.

Ich hätte heute zu Achim gehen können. Statt dessen war ich im Kino und habe diesen seltsamen Film „Fariaho" gesehen. Ein alter Puppenspieler, der ein junges Mädchen liebt. „Puppenspieler müßte man sein und durch die Lande ziehen", sagte mein Vater häufig, als ich noch klein war. Aber er tat nichts dergleichen.

Ich habe ein neues Selbstbildnis gemalt. Nase zu lang. Spöttischer Blick. Jedesmal sehe ich anders aus. Warum habe ich nicht früher wenigstens in den Schulferien gemalt?

Ob mein Schaffensdrang anhält, wenn S. einmal nicht mehr dahintersteht?

Ich habe den ganzen Abend über dem Tagebuchmanuskript gesessen.

Das ist jetzt mein absolutes Hoch. Ich tue etwas, was nichts mit Pflicht gemein hat. Es kommt von innen heraus. Und ich wehre mich noch dagegen. Ich will weglaufen. Zu Achim oder ins Kino gehen, anstatt am Manuskript zu arbeiten. Was mache ich morgen? Auf alle Fälle austrudeln vor dem Urlaub.

Ich fühle mich nicht besonders gut. Unsicher. Hin und her gerissen.

16. Oktober

Zweiter Tag mit Sabine und Annett in W. Oma noch immer krank im Bett. Schlimm. Ein Glück, daß auch meine Mutter mit den beiden Jungen meiner Schwester hier ist. Das Programm für die nächsten Tage: Mutti kümmert sich um Oma, und ich ziehe mit den vier Kindern durch die Gegend. „Eine Brücke bauen, anstatt welche einzureißen", hieß es heute in der Morgenandacht des kirchlichen Altersheims. Vielleicht könnte ich mit dem „Tagebuch" eine Brücke bauen.

Opas Grab mit Frühjahrsblühern bepflanzt. Meine Arme zittern richtig von der Anstrengung. Die Erde war so verdammt hart.

Ja, Opa, nun hast du ein schönes Grab. Was für eine Erinnerung an dich bleibt mir? Obwohl wir deine Enkel waren, hießen wir drei Geschwister in der Kleinstadt „Pastors Kinder". Ich sehe dich über den großen dunklen Schreibtisch in deinem Arbeitszimmer gebeugt sitzen, mit dem

Rücken zur Tür. Wir durften dich nicht stören. Oma hielt alle Störungen von dir fern. Ich sehe dich ernst und gesammelt im schwarzen Talar auf der Kanzel, am Altar, am Taufbecken, in der Kirchentür stehend. Du wurdest von vielen Menschen gegrüßt, wenn du durch die Straßen gingst.

Die Würde, die du verbreitetest, hatte für mich etwas von dem stachligen Kletterschutz, den man an Baumstämmen befestigt, damit die Katzen nicht die Vogelnester ausräubern können. Aber ich habe auch später nicht einmal versucht, mich dir zu nähern. Was stand denn zwischen uns?

Mein Kinderglaube war dem Leben nicht gewachsen gewesen. Ich gewann Erkenntnisse, erwarb das Wissen um Zusammenhänge. Aber ich spürte immer, daß die Großeltern eine christliche Einstellung von mir erwarteten. Ich konnte den Erwartungen nicht entsprechen, und das hat mir den Mund verschlossen. Schade.

Dennoch, ohne von meinen Problemen zu wissen, haben die Großeltern zu meinem Entschluß, mit dem Trinken aufzuhören, beigetragen. Mitte August 1980 verbrachte ich mit Annett und Sabine ein paar Tage bei ihnen. Dort konnte ich abends ohne Alkohol einschlafen – ein Kind lag neben mir im Ehebett der Großeltern, eins mir zu Füßen auf der Couch. Es wäre unmöglich gewesen, bei den Großeltern den Wunsch nach Alkohol zu äußern. Ich war in dieser kurzen Zeit das artige, behütete Kind von vor dreißig Jahren. Und ich nahm die Erfahrung mit nach Hause: Unter bestimmten Voraussetzungen kann ich drei Tage hintereinander ohne Alkohol auskommen.

Meine Oma und meine Mutter begrüßten mich heute morgen mit strahlenden Gesichtern wegen des gestrigen Ausflugs, den ich mit allen vier Kindern unternommen hatte. Das tat mir gut.

Übrigens, was mir meine Mutter anvertraut hat: Mein Vater hatte ein Delirium, bevor er aufhörte zu trinken. Das muß ihn zur Besinnung gebracht haben. Todesangst.

23. Oktober

Wieder zu Hause angekommen. Gewaschen, saubergemacht, Haare gewaschen, aufgeräumt. Die Regel ist durch. Jochen habe ich freundlich abgesagt, obwohl er sich wohl schon auf mich gefreut hatte.

Kurz nach fünfzehn Uhr habe ich S. angerufen, um mich aufmuntern zu lassen. Er rettet weiter Seelen. Aber meine ist wohl schon vorbeigeflogen.

Ich will jetzt das Manuskript fertigstellen. Das ist ein ähnlicher Zustand wie Schwangerschaft. Man schleppt etwas mit sich herum. Man hat ein Ziel. Und danach wird's nicht leichter. Aber man hat ein Ziel.

25. Oktober

Gestern abend habe ich mit der Reinschrift des redigierten Manuskriptes angefangen. Ich schaffe vier Seiten in der Stunde, wenn keiner stört. Das Manuskript schrumpft durch die Streichung des Nebensächlichen. Am Ende sind's keine dreihundert Seiten mehr.

Wann habe ich mich schon mal so nach einer Arbeit gerissen? Ich sollte wirklich versuchen weiterzuschreiben, wenn die Arbeit am „Tagebuch" abgeschlossen ist. Kurzgeschichten oder so. Schreiben tut mir gut. Egal, ob veröffentlicht wird.

Mein nunmehr gerafftes Elaborat in Maschinenschrift gefällt mir nicht mehr. Es klingt auch nicht mehr spontan. *Die Hektik müßte mehr durchkommen. Ratlosigkeit, Euphorie, Verzweiflung, Unfähigkeit, Gedanken zu entwickeln.* Nach „Literatur" klingt es nicht. Ich will niemand langweilen, deshalb habe ich gestrafft. Aber es klingt trocken und hölzern. So einfach, wie ich es mir vorgestellt habe, ist es nicht. Ich werde viel Zeit darauf verwenden müssen, das Tagebuch lesbar zu machen.

Ich brauche Zeit! Zeit! Zeit!

Aber Jochen kommt morgen, das ist so sicher wie das Amen in der Kirche.

Morgens: Ich fühle mich ganz schlecht. Unausgeschlafen. Geschlafen von eins bis fünf, also vier Stunden. Ich sehe schlimm aus.

Gereizt durch Jochens dumme Bemerkungen über meine sexuelle Inaktivität, habe ich heute nacht endlich ein paar ehrliche, aber die Gemeinschaft zerstörende Worte gesprochen: daß er mir fremd ist und bleibt. Daß ich ihn nicht so gern haben kann wie andere. Daß ich mich quälen muß, nett zu ihm zu sein. Wenn dann noch Vorwürfe von ihm kämen, sei es wohl besser, wir trennten uns.

Ich halte das nicht mehr aus.

Da die Diskussion zu später Stunde im Bett stattfand, waren wir einander gegenüber ziemlich ehrlich. Mit Hautkontakt kann man harte Wahrheiten besser ertragen. Jochen konnte danach schlafen. Ich nicht. Was soll ich machen? Ich habe alles gesagt.

Aber wie nun weiter? Ich weiß nicht. Jochen kann einem nur leid tun. Denn was kam bei der Aussprache heraus: Er hat für anderer Leute Kinder nichts übrig. Und ich dachte immer, es läge an mir, wenn er sich aus den Kindern nichts macht.

Nein, er will nicht mehr als nötig in fremder Leute Kinder investieren, weil ein Gericht ihn dazu verurteilt hat, Unterhalt für seine Kinder zu zahlen, obgleich er gar nicht geschieden werden wollte.

Abends: Ich habe mich übernommen. Ich fühle mich schlecht. Dann bot mir ein Kollege noch einen Schnaps an. Ich hätte sogar wählen können zwischen Braunem und Weißem. Das hatte mir gerade noch gefehlt.

Ich hasse solche Trennungssituationen. Ich lenke diesmal nicht wieder ein. Die Beziehung zu Jochen macht mich unglücklich. Das weiß ich schon lange. Es ist immer wieder dasselbe. Es geht nicht. Warum bin ich nur so ängstlich? Ich bin nicht hilflos, wenn ich keinen Mann habe. Ich kann alles selbst.

Ich könnte heulen: Ich kann nicht mehr.

Ich kann immer noch. Aber ich fühle mich schlecht.

Ade, Garten. Wozu sich an so etwas hängen? Wir können doch im Sommer ins Freibad gehen.

Ich kann keine Signale mehr versenden oder empfangen. Heute nicht mehr. Ich muß da ganz allein durch. Ganz allein. Kein Achim und kein S. können helfen. Niemand kann helfen. Laßt mich allein!

November 1983

Heute sehe ich wieder besser aus: Haare gewaschen, acht Stunden geschlafen, im Kino gewesen.

Ich habe S. angerufen. Ich habe ihm gesagt, daß mir folgendes beim Lesen beziehungsweise Abschreiben des Manuskriptes aufgefallen sei: Ich hätte vor drei Jahren schon eine Menge gewußt, auch vor zwei Jahren und vor einem Jahr. Es sei wie beim Topfschlagen, man tappe mit verbundenen Augen umher, man komme immer näher ran, aber man treffe den Topf nicht.

Er meint, das sei eben so: An manches komme man nicht ran.

Jochen schweigt. Laß ihn schweigen. Das Abschreiben des Tagebuchmanuskripts hat der Beziehung den Rest gegeben. Ich habe doch von Anfang an die Tragfähigkeit der Beziehung bezweifelt.

Heute mittag ging's mir schlecht. Irgendwie macht mein Kreislauf nicht mit. Was sagt meine klügere Hälfte? Niemand um Rat fragen. Du mußt allein durch. Nicht wieder zurück. Das ist sinnlos. Nicht durchdrehen. Alles tun, was die Arbeit und die Kinder brauchen.

Wo stehe ich jetzt? Was tun?

Ich weiß nicht weiter. Ich weiß nur, daß alles vorübergeht, auch wenn ich mich nicht in eines Mannes schützende Arme flüchte.

Alles in Ordnung. Es geht alles vorüber.

Es sieht nur so aus, als sei ich wieder so allein wie vor drei Jahren. Denn jetzt kenne ich S., habe ein besseres Verhältnis zu Annett, habe ein Ziel – das Manuskript. Das sind doch alles positive Sachen.

Aber – ich bin drei Jahre älter geworden, der „Zauber des Anfangs" ist vergangen, ich fühle mich erschöpft.

Keiner will mich so, wie ich bin.

Mein geschiedener Mann wollte eine tolerante, attraktive Geschäftsfrau mit Sex. Martin eine tolerante, ihn stets bewundernde Musikfreundin. Jochen eine hausfrauliche, ordentliche, Auto fahrende Sexbombe mit Garteninteresse.

Und wie bin ich wirklich?

Ich weiß nur, was ich *nicht* bin: Hausfrau und Sexbombe. Ich sollte meine Fähigkeiten, wie das Schreiben und Malen erweitern, Hausarbeit als Psychotherapie ansehen, die Kinder pflegen und nicht dem Glück nachrennen.

14. November

„Heute", sagte Martin, als ich ihn nach dem Termin für das diesjährige „Weihnachtstreffen" fragte. „Ich bin wieder zu haben", sagte Martin.

Es geht nicht. Das weiß ich. Ich kann ihn mal besuchen, damit er einen Anlaß zum Aufräumen hat, das ist alles.

Ich kann keinen Mann mit Alkoholfahne ertragen. Und er bagatellisiert sein Trinken immer noch.

Er war zwar rührend gestern. „Ist das schön, daß du gekommen bist", hat er gesagt und mich umarmt.

Wenn man sich drei Jahre lang nach einem verzehrt hat, und der sagt dann plötzlich, er sei wieder zu haben, ist man verblüfft. Einfach verblüfft. Handlungsunfähig. Ich habe ihn mir mit Mühe aus dem Herzen gerissen, und nun will er wieder anwachsen. Wächst er wieder an?

Ehe ich mich engagiere, muß das Manuskript fertig sein. Das ist das wichtigste.

Martin müßte ein Problem am Rande sein. Die Abstinenz ist wichtiger als Martin!

Gestern ging's mir wegen der durchgrübelten Nacht am Tage ziemlich schlecht. Ich war arbeitsunfähig. Anna schiebt's auf die Arbeitsüberlastung. Soll sie. Die Materialsammlung ist fertig.

Martin müßte *um mich* werben, nicht ich um ihn. Mitleid gegenüber einem erwachsenen, gesunden Menschen ist ein schlechter Ratgeber. Gesund? Ist er gesund? Innerlich wäre ich natürlich soweit, seine Wohnung aufzuräumen, ihn zum Essen einzuladen und seine Wäsche zu waschen.

Er beunruhigt mich. Ich möchte nicht, daß er absackt. Ich bin eine Hoffnung für ihn. Mich kennt er wenigstens.

Eigentlich wäre es logisch, wenn wir uns jetzt wieder zusammenfänden. Aber der Mißerfolg wäre vorprogrammiert. Weil er weitertrinken *will*. Er müßte sich auf eine Probezeit einlassen, zu meinen Bedingungen: ohne Alkohol. Wenn er mich liebte, ginge es. Aber er liebt mich nicht. Er ist sitzengelassen worden. Ich habe Martin in den drei Jahren immer geliebt. Aber jetzt? Ich weiß nicht. Er tut mir leid. Aber schlafen würde ich gern mit ihm.

Ach, Martin. Etwa in deiner kalten, unaufgeräumten Wohnung? Du hast nichts dazugelernt. Kokettierst mit deiner „genialen Unordnung" und wartest, daß ein Wunder geschieht.

Schlecht sah er nicht aus.

Im Grunde ist alles ganz einfach. Mach mit ihm, was du willst. Tu, was du nicht lassen kannst. Aber baue keinen Rückfall.

Martin macht mich fertig. Martin. Es hat nicht so geklappt, wie er wollte, und nun geht er auf Distanz. Und Jochen ruft nicht an. Meine Kondition läßt nach. Wenn wenigstens S. in der Nähe wäre!

Ich warte auf einen Anruf. Niemand ruft an. Keiner. S. nicht, Martin nicht, Jochen nicht. Keiner ruft an.

Ich darf jetzt keine Fehler machen. Ich würde am liebsten zu Martin laufen und sagen: Ich habe nie aufgehört, dich zu lieben. Ich darf gar nicht an ihn denken, an meinen Zwillingsbruder Martin. Mein Zwillingsbruder Martin.

Ich brauche mich nicht der Illusion hinzugeben, daß jemand mir helfen will. Helfe ich denn jemand? Nein.

Ich bin erkältet. Ich fühle mich nicht wohl.

Ich bin haltlos. Jochen war zwar kein *guter* Halt, aber ein *Halt.* Er wartet darauf, daß ich zurückkomme, aber ich komme nicht. Es ist alles so sinnlos.

Einen Mann, dem ich meinen Kopf in den Schoß legen kann ... Der zentrale Punkt im Weltall ist der Schoß, in den ich meinen Kopf hineinlegen kann. Ja, das ist es. Ich bin müde.

Man sollte niemand für die eigene Geborgenheit verantwortlich machen, sagt Frau Dr. Schneider.

„Hängen Sie lieber an sich selbst", sagte S.

Es geht alles weiter, auch wenn es jetzt nach Stagnation aussieht. Vielleicht geht es ganz schnell weiter.

Nach der Gruppenstunde: *Aber ein Mann will kein Kind haben, sondern eine Frau,* erwiderte Frau Salzburg, als ich sagte, daß ich vielleicht gar nicht mit einem Mann schlafen, sondern nur meinen Kopf in seinen Schoß legen und mich geborgen fühlen möchte.

Man verharrt in der Kinderrolle, wenn man in der Kindheit nicht genug Zuwendung bekommen hat. Man hofft immer, die Zuwendung käme noch. Ewiges Warten auf Zuwendung ..., sagt Frau Dr. Schneider.

Ich verstehe das nicht. Ich hatte im Gegensatz zu meinen Kindern Vater *und* Mutter. Meine Mutter war Hausfrau und begann erst mit vierzig Jahren wieder zu arbeiten. Und weshalb ist mir die Lust vergangen, mit einem Mann zu schlafen? Das weiß ich: weil's so oft Prostitution war, damit ich *überhaupt* Zuwendung bekam. Aus Angst vor dem Alleinsein ... Einen Mann, der Vater *und* Geliebter für mich ist ... Dem ich Tochter, Geliebte und Mutter sein könnte ...

Wieder ist ein Tag vorübergegangen, ohne daß einer angerufen hat.

Ohne Alkohol. Und das ist die Hauptsache. Alles andere ist mir so egal! Ich habe sie alle satt!

Es lebe die Einsamkeit!	Es
Es lebe die Einsamkeit!!	le-
Es lebe die Einsamkeit!!!	be
Es lebe die Einsamkeit!!!!	die
Es lebe die Einsamkeit!!!!!	Ein-
Es lebe die Einsamkeit!!!!!!	sam-
Es lebe die Einsamkeit!!!!!!!	keit!
Es lebe die Einsamkeit!!!!!!!!	!!
Es lebe die Einsamkeit!!!!!!!!!	!!
Es lebe die Einsamkeit!!!!!!!!!!	!!
Es lebe die Einsamkeit!!!!!!!!!!!	!!
Es lebe die Einsamkeit!!!!!!!!!!!!	!!
Es lebe die Einsamkeit!!!!!!!!!!!!!	!!

Dezember 1983

„Gesellschaftliches Ereignis" gemeistert. Ehemalige Kollegen nebst Ehepartner eingeladen, weil ich „dran" war. Na ja, und die Wohnung war auch fertigrenoviert. War das eine Arbeit! Und teuer. Ich brauchte mich nicht mehr zu schämen. Ich habe Pizza gebacken und die Kollegen gebeten, statt der Blumen Rotwein mitzubringen.

Aber wenn ich mal wieder Besuch habe, der trinkt, und ich kann ja nicht verlangen, daß sie meinetwegen „trocken" rumsitzen, muß ich mir was einfallen lassen. Damit ich nicht wieder zu *Selbstversuchen* neige. Es ist noch mal gut gegangen. Alle waren gegangen, ich war erleichtert, daß ich es überstanden hatte, und die halbleere Flasche stand auf dem Tisch. Die Kinder schliefen schon lange . . .

27. Dezember

Keiner nimmt mich in seine Arme. Arbeit als Ersatzbefriedigung? Trotzdem war Weihnachten ein Erfolg. Allein ohne Flucht. *Ohne Alkohol.* Aber nur deshalb, weil ich auf der Schreibmaschine herumgehackt habe.

Den Kindern hat Weihnachten gefallen. Auch ohne Fernsehen.

Frau Dr. Schneider hat mich zum Einzelgespräch gebeten, weil sie gemerkt hat, daß ich irgendwie labil bin, seitdem ich mich von Herrn Loschewski getrennt habe. Sie hat versucht, mir vor Augen zu führen, was ich in der Partnerschaft falsch mache.

Ich sei zu demütig. *Demut tötet die Liebe,* sagt sie. *Ein Mann will etwas zu bewundern haben.*

Aha. Ich laufe durchaus nicht immer bewundernswert umher. Eher schlampig. Ja, sehr schlampig. Und finde das noch gut. Meine Devise für 1984: Mut anstelle von Demut.

Im Tagebuch bin ich gar nicht so demütig. Warum nur, wenn ich einem Menschen gegenüberstehe? Wahrscheinlich habe ich einen schafsdummen, demütigen Gesichtsausdruck, der die anderen immer dazu verführt, sich überlegen zu fühlen. Ach, du alter Neurotiker.

Kriegt man mit Demut mehr Zuwendung?

Januar 1984

S. hat angerufen. „Gesundes neues Jahr!"

Ich stand mit dem Telefon in der Hand vor dem Spiegel im Flur und fand mich häßlich, weil ich mir eben die Haare gewaschen hatte und mir die nassen Strähnen ins Gesicht hingen. S. hat mir wiederum empfohlen, mich lieber an mich selbst zu hängen als an ihn oder andere Männer. Danke. Wie ich Sucht empfinde, fragte er dann.

„Unsicherheit, Leere und der Versuch, diese Leere zu füllen." Mehr fiel mir nicht ein.

„Schlafen Sie gut."

„Danke, gleichfalls."

138

10. Januar

Wenn die Tage nur schneller vorübergingen! Ich fühle mich so allein. Ich habe eben ein Fell, das gestreichelt werden muß, damit ich mich wohl fühle. Einsamkeit ist kein Ausweg für mich. Gestern war ich an Martins Wohnungstür und habe dreimal geläutet. Er war nicht zu Hause.

Heute habe ich im Betrieb auf der Toilette geheult. Ich konnte mich nicht mehr beherrschen. Ich bin aufgestanden, habe mein Taschentuch gesucht und bin unauffällig auf die Toilette gegangen. Und unauffällig wiedergekommen.

Warum sollte ich mir nicht mal wieder eine Dauerwelle machen lassen? Locken stehen mir. Ich habe mir vor sechs Jahren nur deshalb eine andere Frisur zugelegt, weil ich Martin gefallen wollte. Er mochte Locken nicht.

Ich habe ein Gesicht! Und das kann ich zeigen!

Ist es nicht sinnlos, gegen den Wunsch nach Betäubung anzukämpfen?

Im Betrieb mache ich einen relativ souveränen Eindruck. Dort fühle ich mich sicher. Da warte ich auf nichts. Im Betrieb habe ich nie getrunken. Aber zu Hause. Dort ist die Leere. Warum nur? Warum?

Das Gefühl, daß in mir und um mich herum eine Leere herrscht, die immer wieder gefüllt werden will, läßt mich nicht los.

Frau Dr. Schneider hat mir ja bereits vor drei Jahren geraten, ich solle die leere Stelle, die durch den Alkoholentzug entsteht, mit irgend etwas ausfüllen. Mit Liebe, Natur, Verstand oder auch Religion. Aber erst nach dem letzten Telefongespräch mit S. kam mir zum Bewußtsein, daß bei mir schon lange *vor* der Sucht ein Vakuum war: Angst und Haltlosigkeit. Unruhe. Hektik. Gier. Hunger. Und dieses Vakuum habe ich dann mit Alkohol gefüllt, weil ich nicht fähig war, das Loch auf andere Art zu schließen. So wie ich jetzt die Liebe betreibe, hat sie auch etwas mit Sucht zu tun: Karl-Heinz, Jochen, S. und dann wieder Martin . . .

Andere können vielleicht auf alles warten – Zuwendung,

Essen, Trinken ... Ich nicht. Ich will alles gleich haben und möglichst viel davon ...

Mit Alkohol und Tabletten empfand ich die Leere nicht mehr. Und wenn einer den Arm um mich legte, spürte ich die Kälte nicht mehr.

Schwangerschaft war die Umkehrung. Da war etwas in mir, was die Leere vertrieb.

Doch die Leere wurde mit dem Nachlassen der Wirkung von Alkohol und Tabletten immer größer. Auch nach einer flüchtigen Umarmung. Wie blind suchte ich dann die nächste ... Wie komme ich aus diesem Teufelskreis heraus? Wer soll mir helfen? Mich retten?

Retten kann mich nur das, was aus mir selber kommt. Leere ausfüllen und Kälte vertreiben – oder am Alkohol eingehen.

Jeder Tag ohne Rückfall ist eine Leistung. Merk dir das! Sei stolz darauf!

20. Januar

In einem Roman hab ich gelesen: *Nicht nur im Märchen sind es die Verzauberten, die Bären, Frösche oder Schwäne, die nicht zu ihrer wahren Gestalt finden können, wenn nicht das erlösende Wort gesprochen, die befreiende Tat getan wird. Deshalb suchen sie die Nähe eines Menschen, der ihrer aufgezwungenen Rolle ein Ende zu setzen vermag ...*

Der Bär, der Zuflucht in der warmen Stube sucht, der Frosch, der zur Prinzessin ins Bett will und an die Wand geworfen wird, der in einen Schwan verzauberte Prinz, der ein Brennesselhemd zu seiner Erlösung braucht.

An der Seite eines „lieben Mannes" ging meine Erlösung immer nur so weit, daß er mir den Schnee aus dem Pelz fegte und mich am Ofen Platz nehmen ließ. Doch dann wollte und mußte ich wieder hinaus. Bliebe ich am Ofen sitzen, so würde ich nie erlöst. Mein Pelz wäre warm, ja, aber das reicht nicht. Das ist nicht die Lösung. Das kann sie nicht sein.

Und der Frosch?

Ein Brennesselhemd für mich!

Elisa flocht in dem Märchen *Die wilden Schwäne* Panzer-hemden aus Brennesseln für ihre elf Brüder, um sie zu erlö-sen. Als sie das siebente begann, ging ihr der Flachs aus. Auf dem Friedhof, so hatte ihr die Fee im Traum gesagt, wüchsen die Nesseln, die sie brauchen konnte. Aber der Friedhof war ein grauenvoller und gefährlicher Ort.

Kann das einer *für mich* tun? Die Nesseln muß ich selbst pflücken, und wenn ich noch auf so manchen „Friedhof" gehen muß.

Ich glaube, ich habe einen Fehler gemacht: Ich bin die letzten dreieinhalb Jahre immer, ohne rechts und links zu sehen, wie mit Scheuklappen auf die Abstinenz losmar-schiert. Ich habe rechts und links vom Weg die Abgründe nicht gesehen. Jetzt, da ich sie sehe, werde ich schwach. Jetzt zittern mir die Knie. Der Nebel hat sich verzogen, und ich sehe bis auf den Grund.

Februar 1984

Ich habe heute zum erstenmal in der Gruppenstunde ge-heult. Ich hatte zwar gebeten, diesmal übergangen zu wer-den, weil ich nur destruktiv wirken würde, und die neuen Mitglieder nicht verunsichern möchte. Ich konnte mich trotzdem nicht beherrschen.

Alle waren hilflos, weil sie mich nur souverän kennen. Das zuverlässige Vorbild. Das Vorzeigeexemplar. Keiner hat mich getröstet. Sie haben mich heulen lassen, bis ich von selbst wieder aufgehört habe.

Die Leere verfolgt mich.

Ich bin zur Zeit wie Seidenpapier. Beim geringsten Ruck reiße ich. Dabei bin ich im Betrieb so lustig. Ich bin ein Mensch, der weint und lacht. Der nüchtern weint und lacht.

Warum hat mich keiner getröstet? Sie haben mich heulen lassen.

S. sagte einmal, ich sei egozentrisch. Menschen interessierten mich nur in ihrer Beziehung zu mir, sonst nicht. Ich habe es zwar damals abgestritten, aber es stimmt wohl: Ich bin nur dann entgegenkommend, wenn ich einen brauche, sonst nicht. Sonst sind die anderen für mich belastend. Ich bin wie ein Kind, das zu denen auf den Schoß geht, die ihm Schokolade geben. Das Kind, das zur Tante lieb ist, weil es Schokolade haben will. Sonst ist ihm die Tante egal. Die anderen sind die Erwachsenen. Ich nicht. Woran liegt das?

Das egozentrische Verhalten schafft Isolierung. Isolierung ist Leere und Kälte.

Daß man so lange nüchtern sein muß, um klar denken zu können! Ich habe immer das Gefühl, als stünde zwischen mir und den anderen Menschen eine Wand. Ich bin befangen. Ich schaffe keinen Zusammenhalt. Ich bin kein Mensch, um den man sich schart.

Neugierig auf Menschen sein, empfahl S. Ich bin zwar neugierig, aber nicht neutral. Ich möchte immer nur vergleichen und besser abschneiden.

6. Februar

Wieder mit Sabine, Annett und ihrer Freundin im Ferienheim. Ich sitze im Zimmer. Unten am Kamin braut sich ein Glühwein zusammen. Hoffentlich laden sie mich nicht ein. Ich müßte die Barriere überspringen können. Das Strickzeug nehmen, runtergehen, mich danebensetzen und irgendwas sagen. Ganz locker und unaufdringlich.

Gestern habe ich mich endlich nicht mehr entzogen, sondern beim abendlichen Fernsehen unten im Aufenthaltsraum gestrickt. Ich bin mit einer Frau, die hier ebenfalls mit zwei Kindern und ohne Mann im Urlaub ist, ins Gespräch gekommen. Der Mann ist gestorben. Morgen wollen wir mit den Kindern Holz fürs Kaminfeuer sammeln gehen.

22. Februar

Herr Loschewski hat unsere Fahrräder gebracht, die noch auf seiner Datsche waren, und von einer neuen Freundin erzählt. Es sei schon wieder zu Ende. Sie habe ihn ausgenommen. Aber sie war hübsch.

Alles hat seinen Preis. Entweder so einen Besen wie mich und billig oder – zahlen. Vielleicht findet er mal was in der mittleren Preisklasse.

Ich habe ihn zum Essen eingeladen. Ich könnte einen Mittagstisch für Verflossene einrichten. Bin ich giftig.

März 1984

Bei meinem Typ funktionieren wohl nur die folgenden Varianten: ordentlichen Mann durch „ständige Paarungsbereitschaft" erkaufen oder labilem Menschen hinterherlaufen oder allein bleiben.

Am Sonnabend gehe ich wieder mit Martin ins Kino. Jetzt lebe ich. Ich weiß nicht, wie lange noch. Eigentlich stehe ich auf verlorenem Posten. Aber ich brauche Wärme: als gesellschaftliches Wesen und vor allem – als Wesen der Natur.

Diesen Sommer werde ich viel Zeit für mich haben. Darauf kann ich mich freuen. Kommunikation ohne Gartenzaun um achthundert Quadratmeter.

Keine Angst! Du gehst nicht unter! Sei mal einen Sommer lang du selbst. Einmalige Chance.

Vielleicht haben andere Frauen gar nicht so ein starkes Bedürfnis nach Wärme und Nähe wie ich? Jedenfalls reden sie nicht davon.

Wie sehe ich jetzt die Trennung von Martin?

Ich habe alle Kraft auf die Abstinenz gerichtet. Und das hat auf Anhieb geklappt. Ich hatte kein Hintertürchen, keinen Vorwand, nichts, um einen Rückfall zu rechtfertigen.

Mit Martin hätte ich es *nicht* auf Anhieb geschafft. Aber *ihn* habe ich geliebt. Er war kein Kompromiß. Vielleicht hätte damals mein Beispiel gewirkt, wenn wir uns nicht getrennt hätten? Vielleicht wären aber Abstinenz *und* Liebe auf der Strecke geblieben? Vielleicht habe ich mich in Martin nicht nur selbst geliebt, sondern auch selbst gehaßt: das Kleben am Alkohol. Und als ich mich nach einem Jahr Abstinenz nicht mehr haßte, vermochte ich, ihn wieder zu lieben. Der Haß auf zwei war damals so stark, daß er mich aktiviert hat. Der Haß auf mich allein war nie stark genug, um etwas positiv zu verändern. Wenn ich mich selbst hasse und verachte, bin ich immer eher geneigt, mich auszulöschen. Da habe ich meine Erfahrungen . . .

So gesehen, war Martin mein Schutzengel. Schöner Schutzengel mit Bierfahne. Er hat wohl Zeiten, wo er wenig oder gar nicht trinkt. Und dann wieder tagelang, wie damals im Urlaub. „Periodisch-exzessiv" heißt ein solches Trinkverhalten, habe ich kürzlich gelesen.

27. März

Martin hat nicht, wie versprochen, angerufen.

Aber der Herr Müller aus der Gruppe. Sehr fürsorglich. Er schwanke auch zuweilen zwischen Depression und Euphorie. Ihm habe immer seine Frau geholfen, über derartige Stimmungen hinwegzukommen. Auch ich sei ihm stets Vorbild gewesen. Ach, Herr Müller. Sie sind gut. Richtig gut.

April 1984

Ostern vorbei. Gestern war ich mit Sabine am Müggelturm. Wir standen an der Müggelheimer Chaussee, um die Autos vorbeizulassen, und sie sagte: „Ob ich mal den richtigen Weg gehe oder den falschen? Du hast ja den richtigen Weg schon gefunden."

Ich war sprachlos. So ein Kind.

Und vorigen Sonntag waren wir im Tierpark. Als wir auf

einmal inmitten des Frühlings standen, habe ich Annett umarmt. Hätte ich einen Mann an der Seite gehabt, so hätte der den Überschwang abbekommen, und Annett wäre leer ausgegangen.

Ich hätte mich wohl zu den Ausflügen nicht aufgerafft, wenn ich den Kindern gegenüber kein schlechtes Gewissen hätte. Ich habe sie seit den Februarferien sträflich vernachlässigt. Geschrieben, geschrieben, Erinnerungen aufgearbeitet, aber alles andere vergessen.

Jetzt tauche ich wieder hoch und sehe, was ich versäumt habe: Sabines Schulbücher sehen schlimm aus. Ich muß sie neu einschlagen. Die ganze Wohnung ist in Unordnung geraten. Überall liegt was rum, alle Türen sind schmutzig. Nein, gemütlich ist das nicht mehr. Ich habe nicht kontrolliert, und die Kinder haben das ausgenutzt.

Irgendwie erinnert mich das an meine alkoholischen Zeiten.

Mai 1984

Nun habe ich Sabines Brille reparieren lassen, Kohlen bestellt, den Flur aufgeräumt und den Kindern einen Vortrag zum Thema Wohnkultur gehalten. Soll sie lieber schreiben, werden sie gedacht haben. Begeistert waren sie nicht von meinen Ideen, die nur in Aufräumen mündeten. Sei ein Vorbild, liebe Mutti, wenn's auch schwerfällt. Ich müßte mir wirklich für jedes Wochenende ganz fest eine Arbeit im Haushalt vornehmen, eine kleine, überschaubare, notwendige. In dieser Hinsicht hatte Herr Loschewski schon recht. Anders komme ich aus dem Schlamassel nicht heraus.

Kinder und Haushalt und Schreiben müssen koordiniert werden. Müßten. Was wäre ich ohne die Kinder? Würde ich ohne sie schreiben? Ich würde wohl gar nichts tun. An freien Tagen morgens nicht aufstehen.

Eigentlich müßte es mir doch gut gehen, nachdem ich mir soviel von der Seele geschrieben habe.

Ich fühle mich leer.

Ich muß eine ganze Reihe Briefe beantworten. Ich muß mich im Betrieb mit meiner Arbeit ranhalten. Immerhin bin ich Aktivist geworden. Wer hätte das vor vier Jahren gedacht. Und trotzdem ...

Sehn*sucht* nach Martin. *Sucht* nach *einem*. *Krank* nach einem. *Ich* ruhe nicht in mir, sondern ich bin süchtig nach einem. Ich habe keinen Kern. Mir fehlt der Kern. Entkernte Zelle, in die jeder seinen Zellkern hineinpflanzen kann. Vielleicht hatte ich damals noch einen Kern, als ich jeden Abend betete: *Ich bin klein, mein Herz mach rein, soll niemand drin wohnen als Jesus allein.*

Was könnte jetzt der Kern sein, dieses Stück Blei, das mich immer wieder auf die Füße holt?

Der Alkohol hat es geschafft, eine lange Zeit der Kern zu sein. Wie eine Gummiwärmflasche stabil wird, wenn man Wasser hineingießt. Und wenn sie ausläuft, wird sie wieder schlaff.

Ohne Kern bist du kein Pol für ein Spannungsfeld. Ohne Kern kannst du kein Magnetfeld aufbauen. Ohne Kern ziehst du niemand an. Nicht einmal ein Kind.

Einen Kern! Wissen, was ich will!

Wissen, wer ich bin! Wissen, was ich kann!

Wissen, wo meine Grenzen sind!

Es ist so schwer, die Grenze zwischen Verantwortung für den anderen und Einmischung, Bevormundung, Gängelei zu ziehen. Zumal wenn man den anderen mag, so wie ich Martin mag. Man hat doch wohl eine Verantwortung für den anderen. Aber auch der andere muß *alles Schwere allein tun,* wie es in einem Gedicht von Hermann Hesse heißt. Man kann helfen, einen Anstoß geben. Oder?

18. Mai

Was ist liebenswert an mir? Darum ging es in der Gruppenstunde.

Die Frage kann ich nicht beantworten. Wenn ich das wüßte, würde mich eine Zurücksetzung nicht so zu Boden schlagen. Ich sagte, positiv an mir sei, daß ich *nicht* verklemmt wäre. Aber da protestierten Frau Sch. und Frau B. wie aus einem Munde: Und wie verklemmt ich sei!

Beim Abwasch nach der Gruppenstunde in der Küche sagte Frau Salzburg so ganz nebenbei, sie möchte es von mir wissen, wenn ich mich über sie geärgert habe. Sich zu entziehen sei die größere Aggression. Es sei Wertschätzung des anderen, wenn man aufrichtig die Wut und Enttäuschung zeige.

Freilich habe ich mich ihr schon einmal entzogen. Hat sie das etwa gemerkt?

Bin ich verklemmt? Verstelle ich mich? Weil mein Typ nicht verlangt wird? Will ich verlangt werden? Gewiß. Ich möchte geliebt werden. Schon immer.

Ich glaube, meine Geschwister waren sich sicher, sie werden auch dann geliebt, wenn sie nicht so gut sind. Aber was habe ich mich mit dem Lernen abgeschunden! Immer der Ehrgeiz, die Beste sein zu wollen! Brav sein, um geliebt zu werden, um nicht zu enttäuschen.

Mein Ehrgeiz war Angst vor Liebesentzug. Angst!

Ich wollte nie Anstoß erregen. Ich wollte es mir mit niemand verderben. Alle sollten nur Freude an mir haben. Aber ich verlor mit der Zeit die Freude an mir. Der Alkohol sollte dann die Hemmung aufheben, Lebensfreude vermitteln.

Alkohol als universelles Ersatzmittel.

Vielleicht nehme ich in der Gruppenstunde und auch sonst unbewußt die Verklemmhaltung ein, wenn ich will, daß einer mich gern hat. Das ist diese typische zusammengeklappte Haltung mit den Händen zwischen den Knien, mit rundem Rücken und gesenktem Kopf. Oder wie aufgehängt – den Arm über die Sessellehne. Oder Kopf nach unten und kritzeln.

Was ich liebenswert an mir finde? Wenn mich einer geliebt hat, kann ich mich auch selbst gut leiden. Ich muß erst die Bestätigung durch den anderen haben. Ich bin immer bloß Echo. Wann bin ich mal die Schallquelle? Als Echo braucht man keine Aktivität. Man steht da und reflektiert den Schall.

Ich bin todunglücklich, wenn einer nicht mehr seine

Schallquelle zur Verfügung stellt, damit ich ein schönes Echo sein kann. Ich denke oft an S. Er hat mir geholfen, mir Mut gemacht. Und was habe ich ihm gegeben? Was weiß ich von ihm? Nichts. Nichts ...

17. Mai

Gestern in der Gruppenstunde wurde mir klar, daß ich es nicht fertigbringen würde, meine Eltern von Angesicht zu Angesicht zu kritisieren. Daß ich mir des Wohlwollens meiner Eltern nicht sicher bin.

Eine Frau beklagte sich, daß ihre Mutter sie ständig mit Beschlag belegen würde, so daß sie zu ihren eigenen Angelegenheiten gar nicht käme. „Dann sagen Sie Ihrer Mutter das doch! Vielleicht merkt sie gar nicht, wie sehr sie Sie belastet!" sagte Frau Dr. Schneider.

Könnte ich das? überlegte ich. Könnte ich meiner Mutter widersprechen? Nein.

Als ich zwölf Jahre alt war, genügte ein erschrockener, hilfloser Blick meiner Mutter, und ich rollte beschämt meine schöne Aktzeichnung, auf die ich so stolz war, zusammen. Das sitzt so tief und fest in mir drin: *Sei deiner Eltern Freude, beglücke sie durch Fleiß* ... Vielleicht empfand sich meine Mutter wie ein Huhn, das ein Entenei ausgebrütet hat. Fremd, überraschend, zum Fürchten. Das ist derselbe Konflikt, den ich mit meiner Annett hatte und habe. Meine arme Annett. Und meine arme Mutter! Wie oft habe ich dich mit meinem Entengeschnatter erschreckt! Schließlich habe ich den Schnabel gehalten.

Juni 1984

Jetzt weiß ich endlich, daß ich mich in der Beratungsstelle immer wie früher zu Hause benommen habe: alles akzeptiert, aber nichts verstanden.

Ich habe Frau Dr. Schneider in die Mutterrolle gedrängt: Ich darf sie nicht enttäuschen, sonst hat sie mich nicht mehr gern. Deshalb habe ich immer von ihr geträumt. Deshalb wollte ich keinen Einzeltermin. Mit einer Mutter kann man sich nicht unterhalten. Sie ist immer gleich entsetzt. Enttäuscht. Deshalb habe ich Frau Dr. Schneider immer recht gegeben, nie widersprochen, Martin verschwiegen und nur von dem ordentlichen Herrn Loschewski gesprochen.

Die Mutter, die das Beste für einen weiß und will. Und eben *doch* nicht weiß. Weil sie *anders* ist.

Meine Nichtrückfälle waren mein Problem.

Wäre ich nicht *dressiert* worden, wäre ich wohl Annett ähnlicher. Ich habe mein Wesen derart verleugnet, in der Hoffnung, alle hätten mich gern. Annett macht das nicht. Und ich bin ihr dafür jahrelang böse gewesen.

Juli 1984

Heute war ich der einzige am Frühstückstisch in der Kantine, der wußte, wie man Weidenflöten schnitzt. Ein Kollege fragte danach. Alle haben mich angestarrt, als käme ich aus einem anderen Jahrhundert. Ich habe erklärt, wie man das macht, und sah mich dabei an unserem weidengesäumten Dorfbach entlangschlendern, mit dem Taschenmesser in der einen und einer Weidenrute in der anderen Hand.

Weidenflöten kann man nur im Frühling schnitzen, wenn der Saft steigt. Die ganze Welt war damals hellgrün. Lange her.

Manchmal fliegen wie bunte Seifenblasen Erinnerungsfetzen durch meinen Sinn: heiße Sommertage in meinem Heimatdorf. Das Gackern der Hühner, das Rattern der Dreschmaschinen. Ich erinnere mich gern an heiße Sommertage. Seltsam, auf einmal ist alles wieder da.

Als wir in der Gruppenstunde darüber sprachen, wie schwer es sein kann, in einer lustigen, weinseligen Gesellschaft nüchtern und trocken dazusitzen, fiel mir die Situation nach dem „gesellschaftlichen Ereignis" wieder ein. Ich erzählte, wie unwohl ich mich gefühlt hätte, als ich Kollegen einladen mußte und nichts außer Essen und Trinken anbieten konnte, kein interessantes Gespräch, keine Dias, kein Spiel, nichts. „Gruppenunfähig" nannte Frau Dr. Schneider mein Verhalten. Gruppenunfähigkeit.

Frau Dr. Schneider sagte, ich hätte zu große Ansprüche an einen derartigen Abend. Ich möchte es besser als die anderen machen. Eigentlich möchte ich nur, daß es nicht schlechter als bei den anderen ist. Na ja, schlechter war's eigentlich nicht. Es ist ein Gespräch zustande gekommen. Aber ich war nervös und hoffte, sie würden bald wieder gehen.

Gruppenunfähigkeit: Ich sitze frierend, mißgelaunt und schweigsam in einer Ecke – wie schon bei so vielen Gelegenheiten. Es ist gar nicht so, daß ich Feiern schwer ertragen kann, seit ich nicht mehr trinke. Feiern waren schon immer schwer zu ertragen. Doch mit Alkohol ließ sich das unangenehme Gefühl überbrücken.

Es ist nicht so, daß ich die Gruppe nicht brauche. Die Gruppe tut mir gut. Ein Gespräch mit Kollegen tut mir gut.

Ich habe mein ganzes denkendes Leben unter der Gruppenunfähigkeit gelitten. Aber ich habe sie nie erkannt und bin nie bewußt dagegen angegangen. Nein, ich wollte etwas Besseres sein. Eine Sonderstellung haben. Über jeden Vergleich erhaben sein. Und ich habe genau das Gegenteil erreicht.

26. Juli

Ich habe heute nacht geschlafen, als ob mich ein Riese mit seinem Stiefelabsatz breitgetreten hätte.

Ich hatte in der Gruppe meine Gruppenunfähigkeit zur Diskussion gestellt. „Wie nun weiter?" fragte ich.

Ich solle beobachten, wie die anderen miteinander umgehen und es dann ebenso machen. Unbewußt bin ich schon gegen die Gruppenunfähigkeit vorgegangen, als ich 1981 mit den Kindern ins Ferienheim gefahren war. „Soziales Experiment" habe ich es hochtrabend genannt. Ich habe einfach nicht erkannt, was mir so bitter nötig tut: hinsetzen und mitspielen!

Es fing schon im Kindergarten an, als eine indifferente, gesichtslose, lärmende Kindermenge mir gegenüberstand. Ich hatte Angst. Behütet hinter einem hohen Holzzaun aufgewachsen – und dann raus.

Die Kindergartentanten haben sich Mühe mit mir gegeben, ich durfte sogar Spielzeug auswählen. Doch das nahmen mir die anderen sofort weg, wenn die Tante den Rükken wandte. Und ich ließ es mir wegnehmen. „Der Klügere gibt nach", sagte man bei uns zu Hause. Und: „Pack schlägt sich, Pack verträgt sich."

Kam ich mir vielleicht als *Pfarrerskind* als etwas Besseres vor? Oder war ich im Elternhaus unterfordert? Ich konnte nichts, womit ich den anderen Kindern hätte imponieren können. Bei allen Tätigkeiten kam ich mir ungeschickter als die anderen vor.

Ich sehe noch die anderen Kinder Schiffchen aus Papier falten. Ich konnte es nicht. Ich begriff es einfach nicht. Infolge meiner Linkshändigkeit? Es konnte mir keiner zeigen, wie ich es machen mußte. Ich habe im Kindergarten immer nur geheult.

Beim Lesen-, Schreiben- und Rechnenlernen später hatte ich keine Schwierigkeiten. Und ich liebte die Lehrerin, die mir zu diesen Erfolgen verhalf. Bis sie mich an die Wand stellte, weil sie mich beim Linksschreiben im Unterricht erwischt hatte. Ich sollte *rechts* schreiben!

Trotzdem, ich muß mich von der Prinzessin-auf-der-Erbse-Haltung lösen. Ich brauche ja kein Weltmeister in Gruppenfähigkeit zu werden. Nur so weit, daß mich das Wasser trägt und ich nicht untergehe.

Laß doch die anderen besser sein, wenn sie es *sind.* Spaß am Leben mußt du haben. Einfach Spaß. Gewinnen *und* verlieren lernen. Nicht alles vermeiden, was eine Spur von Wettbewerb in sich trägt.

Du bist zu ängstlich.

Ich sitze zu Hause und arbeite. Meine Stimmung sinkt: der Regen, keine Menschenseele beim Frühstück, mit der man reden könnte, Kinder im Ferienlager beziehungsweise zur Kur, Termindruck. Da mußt du durch. Eine schöne Situation ist's nicht, wenn keiner da ist. Und es regnet.

Meine Träume sind nicht schwer zu deuten: Sehnsucht nach Annett und Sehnsucht nach der alles auflösenden Wirkung des Alkohols.

Ich bin nicht in Form. Meine Stimmung ist wohl auch der Preis für den Ausflug mit Martin.

Man schwimmt nicht zweimal im selben Fluß, auch nicht in einer Kiesgrube. Ich habe mich so auf den Fahrradausflug gefreut. Und er – mißmutig und nervös. Er hat mir den Gefallen getan, aber viel Freude war nicht dabei . . .

Wir fuhren mit den Rädern zu der Kiesgrube, an der wir vor fünf Jahren öfter mit den Kindern waren. Er legte sich ein Stück entfernt von mir ins Gras. Schirmte sich mit der „Berliner Zeitung" ab, klagte über Kopfschmerzen und Schwindelgefühl.

Ich schwamm hinaus. Als ich aus dem Wasser kam, ging er zögernd hinein, und ich schaute ihm nach und sah in dem hellen Sonnenlicht überdeutlich seine blasse Haut, die schlaffe Haltung, den stark angegrauten Bart . . .

Später schoben wir die Räder über den von Baggerketten zerwühlten Weg bis zur Straße, stiegen auf und fuhren zurück. Vor meinem Haus angekommen, sagte er: „Ich möchte jetzt zu mir nach Hause fahren und ein paar Stunden Klavier üben, weil ich mich wieder besser fühle. Du hast doch nichts dagegen?" Und ich Förderer aller Künste hatte natürlich nichts dagegen.

Er wollte mich los sein, das war's. Ich bin ihm lästig mit meinen Anspüchen an ihn. Er will sich von mir gar nicht retten lassen. Ich muß das einsehen. Das tut weh. Denn Martin hat bei mir immer noch Kredit vom Herbst 1978, als der Regen auf das Blech des Fensterbretts trommelte, und ich dachte, ich sei endlich irgendwo angekommen. Ich habe ihn so gesehen, wie ich ihn sehen *wollte.* Nach dieser miesen Ehe *mußte* nun ein Prinz kommen. Er hat sich sogar anfangs Mühe gegeben, meinem Wunschbild zu entsprechen . . .

Laß dich nicht so hängen. Du hast viel gegrübelt in letzter Zeit. Es fällt mir schwer, mich mit meiner neuen Persönlichkeit anzufreunden. Wo ich mich jahrelang anders gesehen beziehungsweise überhaupt nicht wahrgenommen habe.

Lieber gar nicht wahrnehmen, als Schwächen anzuerkennen. So war's doch! Oder?

Die Erkenntnis meiner *Freiheit* macht mir's schwer: Nicht um Frau Dr. Schneiders willen, nicht um der Kinder willen und nicht um Martins willen trinke ich nicht, sondern um *meinetwillen.*

Und da sitzt die Enttäuschung: Man hat sich weiterentwickelt und ist doch kein Superkerl geworden. Man ist nicht so gut, wie man gern wäre.

Ansprüche herabsetzen, sagt Frau Dr. Schneider. Von der Illusion Abschied nehmen, man sei wer.

Das ist aber auch brutal: Unter Alkohol war man wer (dachte man). Dann ist man wer, weil man es geschafft hat, nicht mehr zu trinken, und schließlich ist man ein ungeselliger, alternder Mensch . . .

Frau Dr. Schneider kann mir nicht mehr helfen, hurra! Sie könne mir nicht immer einen hinterherschicken, der mir sage, wie gut es mir eigentlich gehe, hat sie gesagt. Denn ich würde mit meinen Depressionen *kokettieren!* Schade für mich, daß die Kinder nicht noch länger weg seien, damit ich endlich mal gezwungen sei, über *mich* nachzudenken! Sie könne sich in den nächsten drei Wochen von mir erholen, da sei ich im Urlaub, habe ich entgegnet und angefangen zu heulen. Sie hat recht: Die Kinder sind meine Korsettstangen. Aber sie hätte mich nicht so geringschätzig ansehen sollen.

Frau Dr. Schneider kann mir nicht mehr helfen. Ich muß für *mich* leben wollen oder es sein lassen. Und soweit waren wir doch schon vor vier Jahren. *Mich* akzeptieren und lieben. So wie ich bin.

Aber wie bin ich? Wie sehe ich aus? Ich erkenne mich

auf Fotos nicht. Furchtbar lange Arme und Beine. Das erkenne ich. Schmale Schultern, lange schlaksige Arme und Beine, kurzer Oberkörper, flacher Busen. Also mehr wie ein männlicher Jugendlicher. Nicht weiblich. Und die Haltung auf den Fotos drückt aus: Ich bin überhaupt nicht da.

Ich bin doch aber da. Zweifellos. Mit Personalausweis und Personenkennzahl. Die 5 in der Mitte bedeutet *weiblich*.

20. August

Als ich darüber nachgrübelte, wann ich mir verlorengegangen sein könnte, fiel mir ein Bild ein: In einem kalten Winter, 1948 oder 49, lag ich Drei- oder Vierjährige höchst zufrieden bei meinem Vater, der aus der Gefangenschaft nach Hause gekommen war, im warmen Bett und trank heißen Milchkaffee aus einen Aluminiumbecher, in den DIDI eingekratzt war. So nannte ich mich damals. Vati zählte bis hundert – eine für mich unbegreifliche Zahl – und ich bewunderte ihn mit glänzenden Augen.

Und irgendwann hat einer *dem Kinde gewehrt*. Ein kleines, dickes, anschmiegsames Mädchen war ich damals.

Ich stecke in einer Sackgasse. Soll ich weiter zur Gruppenstunde gehen oder es sein lassen? Frau Dr. Schneider kann mir nicht mehr helfen. Sie hat mich getroffen wie nie zuvor in den vier Jahren, seit ich sie kenne.

Warum?

Wahrscheinlich war ich bis jetzt gar nicht in meiner Hülle, so daß es mir nichts ausmachte, wenn mich einer trat. Der trat auf die ausgezogenen Pantoffel, nicht auf die Zehen. Weh tun kann mir eigentlich immer nur dann etwas, wenn ich in meiner Hülle drinstecke. Und es trifft mich um so schlimmer, weil ich nicht trainiert bin.

Frau Salzburg, mit der ich darüber sprach, wie mich Frau Dr. Schneider gekränkt hätte, sagte, die Füße nicht in die Pantoffeln zu stecken sei Mißbrauch des anderen.

Der gebe sich Mühe, sanft zu treten, und kein Fuß sei drin.

Stimmt. Ich bin Frau Salzburg immer ausgewichen. Ich wollte nichts fühlen. Aber jetzt habe ich mich zum Einzelgespräch bei ihr angemeldet. Frau Dr. Schneider hat Urlaub.

September 1984

Ich täte ihr leid, sagte Frau Salzburg, weil ich mich immer an solche hänge, von denen ich viel zuviel erwarte und deshalb gegen eine Wand renne: die Eltern, Martin ...

Wie kann sie so etwas sagen! Warum sagt sie mir das! Woher will sie das wissen?

Jetzt fange ich an zu begreifen, obwohl Frau Dr. Schneider mir bereits vor einem knappen Jahr gesagt hat: *Man verharrt in der Kinderrolle, wenn man in der Kindheit nicht genug Zuwendung bekommen hat.*

Ich warte auf etwas, was nie mehr kommen kann. *Denn ich bin erwachsen.*

Wahrscheinlich suche ich die im Elternhaus vermißte Geborgenheit immer noch, wenn ich abends in meine Wohnung komme. Es ist nur das da, was ich selbst gemacht habe. Und wenn *ich* es nicht gemacht habe, ist es nicht da.

Und zu Martin gehe ich immer wieder und komme niedergeschlagen zurück.

Hör auf, auf etwas zu warten, was nicht mehr kommt. Dann verlierst du auch deinen häßlichen, resignierten Gesichtsausdruck.

Auf etwas warten, was schon längst vorbei ist ... Etwas Trost- und Sinnloseres gibt es wohl kaum.

Ich habe mich immer als das Kind gesehen, das man nicht lieben konnte, weil es häßlich und zudringlich war. Und weil ich das nicht ertragen konnte, mußte ich aus den Pantoffeln schlüpfen.

Jetzt komme ich mir wieder vor wie vor sieben Jahren, als ich die Scheidungsklage schrieb. Die Wahrheit auf dem Papier, die bittere, die peinliche, die lange verdrängte

Wahrheit – und dann das Gefühl: Du bringst dich um einen Halt. Du reißt ein System ein.

Es lag nicht nur an mir, daß ich nicht geliebt wurde. So wie ich es offenbar brauchte. Erst bestimmte die Erziehung der Großvater, der beinahe der liebe Gott war, wenn er in der Kirche auf der Kanzel stand – aber eben so weit von mir entfernt ... Dann kam mein Vater aus der Kriegsgefangenschaft zurück und war plötzlich Ehemann, Schwiegersohn, Vater von zwei und übers Jahr drei kleinen Kindern, Werktätiger in untergeordneter Stellung. Dazu war er wohl weder bereit noch fähig. So sehe ich das. Der Krieg hat ihn aus der Bahn geworfen. Er begann zu trinken. Ich erinnere mich: Er lief umher und sah mich nicht, nahm mich nicht wahr. Er war da und doch nicht da. Ich fühlte mich abgewiesen.

Und meine Mutter?

Wie ich zu Demut gegenüber jedermann erzogen, wartete sie nach Kriegsende auf den Mann, den sie im Militärlazarett kennengelernt und bald darauf geheiratet hatte.

Aber es kam nicht der Gleiche zurück ...

Sie hat sich immer bemüht, das Trinken meines Vaters zu bagatellisieren, zu vertuschen, zu entschuldigen oder einfach die Augen davor zu verschließen ...

Jetzt trinkt er nicht mehr. Aber es hat zu lange gedauert. Eine bittere Familiengeschichte mit Parallelen.

Ich beginne etwas zu ahnen: All die Männer, ob nun mit oder ohne Klavier, wen sollten die mir ersetzen? Wen habe ich immer gesucht und nie gefunden? Und verzweifelt immer weiter gesucht?

Was soll's. Weine nicht. Hör auf. Geh schlafen.

20. September

Frau Salzburg macht mich ratlos. Ich solle nicht immer „Was soll's" sagen. Nicht alles so großzügig verzeihen. *Mehr Mut zum Gefühl.* Mit dem Verstand könne ich alles, wenn auch mit Verzögerung, aufklären, verstehen, entschuldigen. Ich hätte ein Recht auf Wut und Aggression, wenn ich enttäuscht oder geärgert würde.

So? Wann bin ich wütend? Zeige ich das auch? Ja, zu Hause, wenn ich mit den Kindern schimpfe. Im Betrieb nie. Doch ich bin wie erschlagen, wenn ich abends nach Hause komme.

Ich habe Angst vor Gefühlen. Angst, daß sie mich überrennen. Angst, daß sie mich krank machen. Angst, daß ich etwas „Unpassendes" tue. Meine Hemmung ist die Angst vor der eigenen Impulsivität.

„Was soll's" ist dann Resignation. Vielleicht soll die Resignation den Schrank zuhalten. Der Schrank ist zu, und ich komme nicht mehr raus!

Mut zum Kummer! sagt Frau Salzburg.

Alt werden ist traurig! Allein sein ist traurig! Ein jahrzehntelang verfehltes Leben ist zum Heulen! Andererseits – manchmal könnte ich die ganze Welt umarmen. Und tue es nicht.

Was ist das denn für ein Gefühl, wenn man sagt: Ich brauche nicht mehr zu warten? Zunächst ist es ein Verlust. Schmerz und Enttäuschung. Denn man hat ja auf etwas Schönes gewartet. Was für ein Verlust ist das Aufhören des Wartens, des angstvollen, unruhigen, ungewissen Wartens?

Du wirst Angst, Unruhe, Ungewißheit los! Das macht dich frei!

Oktober 1984

Euch werde ich es zeigen (als Kulturobmann).

Die Kollegen haben vorgeschlagen, mich bei den bevorstehenden Gewerkschaftswahlen zum Kulturobmann der Abteilung zu wählen.

Es wurde zwar die Befürchtung geäußert, ich könne den Kollegen bei der Verteilung von Aufträgen nicht genug auf die Füße treten, aber immerhin hätte ich mich schon ein Jahr lang als Sozialbevollmächtigte bewährt.

Unbequemes Training. Aber ich bin mittendrin. Ich sitze nicht mehr frierend in der Ecke und warte auf etwas, was nicht kommt.

Man kann die Abstinenz mit zusammengebissenen Zähnen eine Weile durchhalten, und man kann abstinent sein, weil man die Ursachen für das Trinken erkannt hat und gemäß den verbleibenden Möglichkeiten bekämpft. Bei der ersten Variante droht immer der Rückfall, wenn man nicht mehr die Kraft hat, die Zähne zusammenzubeißen. Wenn die Zähne anfangen zu klappern. Das habe ich deutlich gemerkt. Doch die zweite Variante kann erst einsetzen, wenn man nach einer Zeitlang Abstinenz wieder klarer sieht und als Gegengewicht zur „Leiche im Keller" etwas Positives aufgebaut hat.

Jetzt ist mir klar, warum ich meine Eltern nicht kritisieren kann. Ich habe mich als Kind und Jugendlicher nie aufgelehnt, sondern mich so verhalten, wie ich es sollte: *Du sollst Vater und Mutter ehren, auf daß es dir wohl gehe und du lange lebest auf Erden* ...

Wie wohl ist es mir denn gegangen?

Trotzdem habe ich meine Kindheit und Jugend lange Zeit idyllisch verklärt gesehen und alles andere verdrängt. Ich habe mich krampfhaft dagegen gewehrt, von dem idyllischen Bild Abschied zu nehmen. Ich wollte *wunder*bare Eltern mein eigen nennen.

Du hast in einer Traumwelt gelebt, meine Liebe. Und wenn du aufwachst und siehst, wie alles wirklich ist, erschrickst du. Was fange ich nun mit dieser Erkenntnis an? Inzwischen sind über zwanzig Jahre vergangen. Ist das das Ende unserer Beziehung? Oder ist es die Chance für den Beginn eines neuen, aufrichtigen Verhältnisses?

Dezember 1984

Manuskript im Verlag. Mal sehen, was wird.

Spiegelspiele. Ich komme auf Ideen!

Als ich gestern vom Theater nach Hause kam (kollektiver Theaterbesuch), war es still in der Wohnung. Die Kinder schliefen. Und was macht ihre Mutter? Sie stellt sich vor den großen Spiegel im Flur und legt Stück für Stück ihre Kleidung ab, bis sie nackt und barfuß dasteht. Und beschaut sich von allen Seiten.

Seltsames Gefühl, ich bin gar nicht das dicke, linkische Mädchen mit dem dunkelblonden Seitenzopf. Seltsam, so habe ich mich in Erinnerung. Wie auf meinem Konfirmationsbild. Im Spiegel stand mir eine Frau gegenüber: schmächtig, schmal, dunkler Lockenkopf, dunkle, etwas schräg stehende, glänzende Augen mit tiefen Schatten darunter, spitze Nase, eingefallene Wangen, schmale Lippen.

Ich strich mir über die Arme, den Bauch, die Oberschenkel und stützte dann die Hände in die Hüften. Ich drehte mich zur Seite. Der Bauch hängt etwas, na ja, zwei Schwangerschaften ... Der Rücken ist leicht gekrümmt – Bürofigur, ganz normale Bürofigur.

Eine Frau. Die können wir unter die Menschen schicken, wenn wir ihr ein hübsches Kleid anziehen und ein wenig Rouge auflegen. Ob ich mich im Klub der Alleinstehenden anmelde? Das hat mir die Fürsorgerin bereits 1980 angeboten. Aber damals habe ich abgelehnt. Daß die nur feuchtfröhliche Feiern veranstalten, habe ich als Grund vorgeschoben. Aber das war es nicht. Sondern Angst vor dem Vergleich.

Na, und jetzt?